북조선 일상다반사

북조선 일상다반사

초판 1쇄 인쇄 2021년 8월 30일
초판 1쇄 발행 2021년 9월 10일

저 자 정일영·김영희·김 혁·윤세라·이혜란·하승희·알렉 시글리(Alek Sigley)
발행인 윤관백
발행처 도서출판 선인

디자인 박애리
편 집 이경남·박애리·이진호·임현지·김민정·주상미
영 업 김현주

등 록 제5-77호(1998.11.4)
주 소 서울시 마포구 마포대로4다길 4 곳마루 B/D 1층
전 화 02)718-6252/6257
팩 스 02)718-6253
E-mail sunin72@chol.com

정 가 24,000원
ISBN 979-11-6068-610-4 93300

· 잘못된 책은 바꿔 드립니다.

북조선 일상다반사

정일영·김영희
김　혁·윤세라
이혜란·하승희
알렉 시글리(Alek Sigley)

도서
출판 선인

운전대를 잡고 자유로를 타고 올라가다 보면 개성, 평양, 함흥, 혜산, 나진까지, 우리에게 익숙한 북한의 도시들을 씽씽 통과해 달리고 싶다는 생각을 가끔 한다.

이 책을 읽는 독자들에게 북한은 이렇게 가보고 싶을 만큼 궁금한 곳일까? 아니면 생각만 해도 편두통을 불러오는 존재일까? 전자라면 이 책에서 소개하는 북한의 도시 공간을 통해 잠시나마 그 궁금증을 해소할 수 있을 것 같다. 후자라면? '그럼에도 불구하고' 열심히 주어진 삶을 살아내는 북한사람들의 생활공간을 통해 다른 듯 닮은 우리네 인생을 공감할 수 있기를 바라면서 책을 써 내려갔다.

독자분들 중에는 제목에 대한 호기심으로 이 책에 관심을 갖게 된 분도 있을 것 같다. 왜 북한이 아니고 '북조선'인가!? 이 책의 제목이 '북조선 일상다반사'인 것은 저자들의 소심한 '경계 넘기'다. 북한의 공식명칭은 '조선민주주의인민공화국'이다. 그렇기에 북측의 입장에서 자신들을 부를 땐 '북조선', 우리를 부를 땐 '남조선'이라 표현한다. 이 책은 북한 주민 일상의 면면을 담고 있기에 그들을 '북한'이 아닌 '북조선'으로 바라보고, 불러보고 싶었다. 다만 본문에서는 독자들에게 익숙한 '북한'이란 호칭을 사용할 것이다.

이 책의 저자들은 북한이란 대상을 공부하는 전문연구자들이다. 이 책은 북한 사회를 다양한 시각에서 공부해온 7명의 연구자들이 공동으로 집필한 작품이다. 이 책을 쓴 저자들은 남북의 팔도강산 곳곳에서 유년 시절을 보냈다. 세 분의 집필진은 북녘이 고향이고 세 분은 남녘이 고향이다. 그리고 알렉(Alek Sigley)은 남과 북을 호기심 가득한 눈으로 바라보며 공부해온 호주인이다.

이 책의 집필진들은 북한 전문가들이지만 기존에 있던 어렵고 건조한 북한연구서와 다른 책을 만들고 싶었다. 우리는 딱딱한 북한을 최대한 부드럽게 다듬어 여러분에게 소개하고 싶었다. 2년 전 집필진들이 모여 다짐한 것이 있다. "어려운 얘기를 수필처럼 써보자!" 우리는 이 책을 읽는 독자들이 마치 수필을 읽듯 북한을 만나길 바랐다. 그렇게 우리는 연구자들에게 조금은 어려운 과제인 '쉽게 쓰기'에 도전했다.

이 책은 북한의 주민들이 살아가는 다양한 삶의 공간들을 중심으로 구성되어 있다. 북한 주민들이 그들의 삶을 영위하는 공간들을 있는 그대로 보여주고 싶었기 때문이다. 다른 체제, 다른 공간이지만 그들이 살아가는 하루의 모습은 우리와 그리 다르지 않다.

그들도 아침에 눈을 떠 가족들과 함께 아침을 먹고 각자 자신들의 생활 공간을 찾아 부산한 하루를 시작한다. 아버지와 어머니는 직장과 시장으로, 아이들은 학교와 놀이터로 향한다. 이제는 일상이 되어버린 무대와 새롭게 등장한 가상공간도 일상을 엿볼 수 있는 곳이다. 그리고 가려져 잘 보이지 않았던 북한 사회의 어두운 곳, 사각지대의 모습도 누군가에는 일상의 공간이다.

북한에도 사람이 살고 있다. 이 책은 다른 듯, 같은 하루를 살아가는 북조선 사람들의 일상다반사이다. 우리는 독자들이 이 책을 통해 북녘의 사람들을 만나보길 제안한다. 내일 있을 생활총화에서 '호상비판'을 어떻게 할지 걱정하는 수영이를 만나고, 우리가 모르는 평양의 맛집들을 함께 찾아보고, '고양이 뿔' 빼고 다 있다는 북한의 시장도 방문해 보자.

우리는 만나야 한다. 만나서 시시콜콜한 일상의 이야기들을 나누어야 한다. 다만 서로가 만나고 싶은 만큼 서로를 이해하기 위해 노력해야 한다. 이 책이 북한에 대한 독자들의 이해를 돕고 앞으로 있을 남북의 새로운 만남에 조금은 다른 상상을 할 수 있는 기회가 되길 바란다.

마지막으로 이 책이 출간되는 데 도움을 주신 어려분께 감사의 말씀을 드리고 싶다. 먼저, 이 책에 소중한 사진을 넣을 수 있도록 허락해주신 진천규 선생님, 신은미 선생님, 이조영 선생님께 감사드린다. 그리고 짧지 않은 평양 유학생활을 하며 찍은 사진들을 기꺼이 공유해준 알렉에게도 고마운 마음을 전한다.

여느 북한 관련 서적과는 다른 실험적인 이 책의 출판을 기꺼이 맡아주신 선인 출판의 윤백관 대표님께 감사드린다. 시시콜콜한 수정요청을 받아주시고 정성을 다해 디자인과 편집을 진행해주신 선인 출판의 여러 선생님들께도 특별히 감사의 말씀을 남긴다.

자, 이제 북한의 일상 속으로 여행을 떠나보자.

2021년 8월
남북이 자유롭게 하루를 공유할 수 있는 그 날을 꿈꾸며
정일영, 김영희, 김혁, 윤세라, 이혜란, 하승희, 알렉 시글리 드림

차례

I
City
도시

도시로

도시는 그 사회를 구성하는 정치와 경제, 사회현상들이 응집된 집합체이다. 도시는 또한 도시민이 공유하는 규범과 일상의 생활이 하루하루 이어지는 삶의 공간이기도 하다. 우리들의 삶은 도시에서 살아 숨 쉰다.

그렇다면 북한의 도시는 어떤 모습일까?

회색의 건물들과 무표정한 사람들, 마치 무엇으론가 만들어진 듯한 건물과 도로, 그리고 사람들. 우리가 알고 있는 북한이 혹시 이런 모습은 아닐까?

▼ 혁명의 수도, 평양에 어둠이 깔리고 있다 ⓒAlek Sigley

아침을 여는 사람들, 부산한 발걸음들..

여느 도시에서나 찾아볼 수 있는 일상의 모습들. 다른 듯 같은, 조금은 어색한 도시의 모습, 그러나 도시를 살아가는 사람들의 표정 속에 무언가 같은 삶의 향기를 맡게 된다. 북한의 도시 또한 그렇게 바삐 하루를 연다.

우리가 알고 있는 북한, 조선민주주의인민공화국은 어떤 모습일까? 어떤 모습이 진짜일까? 아니, 어떤 모습이길 바라는 걸까?

같은 민족임을 강조하면서도 너무 먼 나라.
한국은 가장 가까운 북한을 갈 수 없는 몇 안 되는 나라다.
우리는 얄밉게도 북한을 자유롭게 드나드는 외국인을 통해
북녘의 모습을 곁눈질로 바라보고 있다.
언뜻 우리와 그리 다르지 않은 모습이지만
김일성과 김정일의 동상들, 거리의 정치 구호들을 보는 순간
왠지모를 낯설음을 느낀다.
도시는 그곳에서 살아가는 사람들의 이야기와
그들이 만들어낸 거대하거나, 소소하거나,
혹은 스스로도 무엇인지 모르는 것들을 통해
일상의 삶을 엿볼 수 있는 공간이다.

그렇다면, 북한의 도시는 어떤 특색을 머금고 있을까?

첫 번째로, 북한의 도시는 북한의 특성이 가미된 '사회주의 계획도시'로 건설되었다. 한국전쟁은 대부분의 도시들을 파괴했고 역설적으로 그들은 폐허가된 곳에서 새로운 도시를 건설하였다.

1953년 7월 휴전협정이 체결된 이후 북한에서 재건된 도시들은 수령의 역사, 혁명의 역사를 보전하는 공간으로 재건되었다. 도심의 중앙으로부터, 광장과 수령을 우상화한 건축물, 도심을 연결하는 중앙 거리와 주거지구, 그리고 산림지 등이 '주체의' 사회주의 계획도시로 건설되었던 것이다. 도시를 내려다볼 수 있는 높은 언덕에 김일성의 동상이 들어섰고 김정일 사후 그의 동상이 김일성과 나란히 자리를 잡았다. 그들은 죽어서도 북한 사회를 통치하고 있는 것 아닐까?

　두 번째로, 북한의 도시는 국제적 도시로 개발된 평양과 발전이 억제된 지방 도시로 나누어져 있다. 사회주의 도시계획은 대도시를 '지양'했는데 이는 대도시가 자본주의가 팽창한 결과로 비판되었기 때문이다. 그러나 '혁명의 도시' 평양 만은 예외였다.

　평양은 정치, 경제, 사회문화의 중심지로,
　'사회주의 선경'의 모습으로 특별히 주조된 반면,
　지방의 도시들은 자족적 단위로
　그 규모가 100만 명이 넘지 않도록 억제되었다.
　김정은 시대의 평양은 유희오락시설과
　고층아파트가 들어선 대규모 거리를
　짧은 시간에 건설하는 붐이 일어나기도 했다.
　결국, 우리가 북한의 언론을 통해 보는 평양의 거리는
　북한이 만들고자 하는 '사회주의 선경'
　그 일부라 할 수 있다.

마지막으로, 북한의 도시는 자족적인 구조의 통제공간이다. 한국전쟁으로 폐허가 된 도시들은 정치, 군사, 그리고 산업의 발전에서 자생력을 발휘하도록 건설되었다. 또한, 북한의 도시는 사회통제의 물리적 공간으로 만들어졌다. 본래 도시민들은 여행증 없이 도시를 자유롭게 벗어날 수 없다. 최근 여행증 제도가 일부 폐지되었다고 하나 평양과 국경지역 방문은 여전히 엄격히 통제되고 있다.

다만, 이와 같은 북한 도시의 독특한 특징들과 상관없이 여전히 도시는 일상의 하루를 살아가는, 주민들의 희로애락이 살아 숨 쉬는 삶의 현장이다. 그럼 이제 미지의 세계, 북한의 도시로 잠시 시간여행을 떠나보자.

영생하는 수령들

　북한의 도시는 죽어서도 영생하는 수령들이 동거한다. 모든 도시에는
김일성과 김정일의 동상과 영생탑, 혹은 모자이크 벽화가 높은 언덕이
나 도시 중앙로에 위치해 있다. 1990년대 '고난의 행군'으로 불려진 경
제위기로 공장이 멈춰선 상황에서도 죽은 수령들의 상징물만은 도시의
어둠을 깨며 빛나고 있었다고 한다.

▼ 죽어서도 영생하며 통치하는 만수대 언덕의 수령들 ⓒ<Shutterstock>

북한의 통치이데올로기인 주체사상은
수령을 '사회정치적 생명체'의 뇌수라 말한다.
수령은 북한이라는 사회공동체가 살아 있는 증거이며
수령이 존재하지 않는다면 이 공동체 또한 생명을 잃게 된다.
결국, 영원한 수령 김일성 주석이 사망했을 때
북한은 김일성의 유훈을 받들겠다는 '유훈통치'를 내세웠다.
도시를 내려다보는 김일성과 김정일,
수령은 죽어도 그의 권위는 살아서
북한의 도시를 통치하고 있는 것 아닐까?

김일성 주석이 사망한 후 북한의 도시는 그들의 수령이 사회정치적 생명으로 영원히 살아 있음을 강조하는 영생탑과 모자이크 벽화를 건설했다. 그리고 김정일 국방위원장이 사망한 이후 '영생하는' 수령은 두 명으로 늘어났다.

문득 궁금해진다. 북한 주민들은 정말 그들의 수령들이 영생하며 그들과 함께한다고 생각할까? 도시의 공간을 지배하는 그들의 상징물들은 그 위용만큼 주민들의 삶에 영향을 끼치고 있는 것일까?

탈북자들은 '영원한 수령'으로 영생하는 김일성이 사망했을 때의 충격을 종종 이야기한다. 그만큼 김일성은 북한 그 자체를 상징하는 존재였다. 그러나 김일성의 사망 이후 김정일과 김정은이 체제를 이양 받는 과정에서 최고지도자의 절대성은 퇴색했다는 것이 공통된 의견이다. 김정일과 김정은은 김일성이 북한 역사에 깊숙이 침투해 있었던 만큼의 상징성은 갖지 못했던 것이다. 죽은 수령들, 특히 김일성이 죽어서도 북한의 정치문화에 살아 숨 쉬는 이유가 여기에 있다.

이렇게 영생하는 수령들, 어느 곳을 가도 그들의 모습이 일상이 되어 버린 도시, 그들은 죽어서 통치하는 것일까? 아니면 그들의 지키지 못한 약속처럼 일상의 화석으로 굳어져 버린 것일까?

김정은 시대에 선대 수령들은 어떤 의미로 규정되고 있을까? 북한은 2019년 4월 「사회주의 헌법」을 개정하고 "위대한 김일성–김정일주의"를 국가건설과 활동의 '유일한 지도적 지침'으로 명문화하였다. '김일성–김정일주의'라는 거창한 이데올로기와는 달리 김정은 시대의 북한은 '정상국가'를 추구하고 있는 듯하다. 어쩌면 김정은 위원장은 유훈통치로 구현되는 죽은자들의 통치를 신화로 남겨두고 새로운 사회를 꿈꾸고 있는지 모른다.

고단한 하루를 정리하고 집으로 돌아가는 길에서
따뜻한 집안의 거실에도
그리고 그들의 옷깃에도 죽은 수령들이 함께한다.
일상이 되어버린 영생의 수령들
그들은 그렇게 도시의 일상으로
화석과 같이 남겨져 있는 것 아닐까?

도시의 장기들

사람의 몸 속에 장기들이 있듯, 도시에도 도시를 움직이는 기관들이 있다. 북한 도시에는 먼저 도, 시, 군(구역) 단위의 권력기관들이 존재한다. 북한의 정치를 지배하는 조선로동당의 각 단위 조직과 대의기관격인 인민회의, 우리의 행정조직이라 할 수 있는 인민위원회, 그리고 검찰소와 재판소 등 권력기관들이 도시의 규모에 따라 도심의 중앙에 배치되어 있다.

또한, 여느 도시와 같이 공장·기업소들이 도시의 특성과 규모에 따라 배치되고 소학교와 중학교, 대학교 등 교육기관과 도서관, 영화관 등 문화시설, 그리고 인민병원, 소아병원 등 보건기관과 조선중앙은행, 그리고 체신국의 지방 단위 거점들이 인구 규모에 따라 자리 잡게 된다.

마지막으로, 외국의 여느 도시와 같이 도시민들의 거주지인 '살림집'들이 도시를 가로지르는 거리를 중심으로 배치되어 있다. 최근에는 국가가 운영하는 종합시장과 다양한 형태의 비공식 시장들이 도시를 움직이는 공간으로 그 역할이 확대되고 있다.

그렇다면 북한의 도시를 구성하는 장기들은 어떻게 배치될까?

북한은 도시의 중심지를 도시계획의 기점으로 설정하고 이곳에 김일성과 김정일의 동상, 혹은 대기념비를 배치함으로써 지도자의 권위를 높이는 소위 '혁명적 수령관'을 강조한다. 상징공간에는 광장을 두고 그 주위에 혁명사적지와 문화시설들을 배치함으로써 인민들이 상징공간을 중심으로 도시의 삶을 살아가도록 구조화하였다.

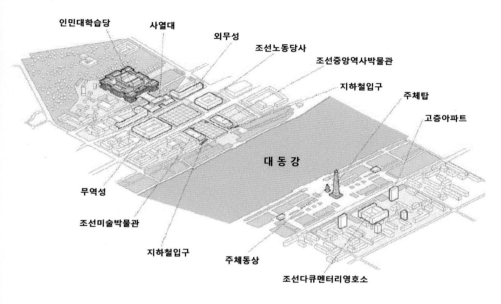

▲ 평양의 중심부 공간 구조(임동우·라파엘 루나, 2014)

　도시의 장기들은 중심부의 상징공간과 함께 규모별로 배치된다. 북한 도시의 성장을 서술한 『조선건축사』에 따르면, 도시는 세 단계로 구분되는 '소구역 생활단위'를 기초로 구성되었다. 소구역의 생활단위 체계는 초급봉사단위와 소구역봉사단위, 구역봉사단위로 구분되어 각각 면적과 주거인원에 따라 생산시설과 교육시설, 그리고 봉사(복지)시설을 배치하는 방식이다.

가장 작은 단위인 초급봉사단위는 100~150m를 반경으로 도시민 2천~3천 명이 거주하게 되는데, 여기에 살림집과 밥공장, 소시장, 부식물 매대, 어린이 놀이터와 노인 휴식장, 공동녹지 등이 배치되는 식이다. 이와 같은 초급봉사 단위 3개가 모여 소구역봉사단위가 되고 규모가 늘어날수록 규모가 큰 생산시설과 교육기관, 상급 행정기관이 배치된다. 이와 같은 생활단위들은 거리와 함께 구성되어 도시의 중심지와 연결된다.

그렇다면 도시민들이 주로 생활하는 공간은 어떤 곳일까?
아이들은 집과 학교를, 아버지는 집과 직장을,
그리고 많은 어머니들이 집과 시장을 오간다.
도시를 살아가는 사람들이 하루를 보내고 지친 몸을 누이며,
아침을 다시 시작하는 곳.
도시를 움직이는 생활공간들, 우리와 다를까? 같을까?

유엔인구기금(UNFPA)과 북한의 중앙통계국이 공동으로 발간한 "2014년 북한의 사회경제, 인구통계, 보건 조사"에 따르면, 북한 주민들의 주거형태는 연립주택이 42%, 단독주택이 33%, 그리고 아파트 거주가 25%로 나타난다. 다만, 평양을 제외한 지방은 주택난이 심각한 것으로 알려져 있다. 1990년대 경제난 이후 북한의 도시 주거난은 더욱 악화되어 왔다. 북한에서 새로운 가정을 이루게 되면 국가에 주택을 신청하게 되는데 경제난이 지속되면서 주택물량이 부족한 실정이다.

북한은 주택의 개인 소유를 인정하지 않는 대신 '이용권'이란 형태로 주택을 배정한다. 그러나 주택 건설이 제한적이다 보니 성장한 자녀가

분가하지 못하고 부모세대와 함께 동거하는 경우가 발생하게 됐다. 이렇다 보니 국가의 주택 보급을 기다리기보다는 주택 이용권을 구입하는 경우가 늘어나고 있다. 주택 이용권의 매매는 이제 북한 사회의 공공연한 관행이 되어가고 있다.

도시는 또한 거대한 일터다. 도시는 하나의 사회공동체로, 의식주에 필요한 물품들을 생산하고 또한 소비한다. 특히 북한은 사회주의를 표방하는 사회이다. 북한에서 성인이 된 모든 구성원은 국가가 지정하는 직장에 배정된다.

북한에서 성인은 출신성분, 즉 본인의 부모와 조부모의 계급, 그리고 한국전쟁 당시에 그들의 가족이 무엇을 했느냐에 따라 사회진출에 차별을 받아 왔다. 예를 들어, 조부가 일제 식민시기 지주였거나, 한국전쟁 당시 월남한 가족이 있다면, 그들의 자손은 사회적 성취를 이루기 어렵다. 그들은 성분의 제한으로 특별한 경우가 아니면 사회적 성공의 자격증이라 할 수 있는 조선로동당원이 될 수 없기 때문이다.

다만, 출신성분에 따른 사회계층의 구획은 1990년대 경제위기 이후 흔들리고 있다. 모든 것을 규율하던 계획경제와 사회통제의 도구였던 배급제가 붕괴된 이후, 시장은 도시민들에게 식량을 제공하고 물자를 매매하며, 상품을 소비하는 장소이자 도시를 움직이는 공장이 되었다.

공식 환율과 시장 환율의 격차는 국가가 지급하는 임금(생활비)보다 시장을 통해 번 비공식 수입, 즉 부업을 통해 얻은 수입이 더 많은 비현실적인 사회를 가능하게 했다. 북한에 이런 말이 있다고 한다.

"사회주의 3시간, 자본주의 5시간"

국가가 부여한 일을 3시간 하고,
5시간은 개인의 이익을 위해 일한다는 우스갯소리다.
국가가 일상생활을 보장하지 않는 사회주의,
그 속에서 스스로 생계를 유지해야 하는 도시의 시민들,
그들이 북한 사회의 변화를 이끌어 가는 주역이다.

따르릉~
자가용 지나갑니다!

도시의 하루를 움직이는 것은 무엇일까?

아마도 도시민들이 이동하는데 사용되는 교통수단이 생각날 것이다. 북한의 주요 교통수단으로는 철도와 자전거가 대표적이다. 철도는 도시와 도시를 잇는 수단이며 자전거는 도시민의 이동을 보장한다. 최근에는 택시나 서비차(장거리 이동차량)가 늘어나며 도시에 활력을 불어넣어주고 있다.

뭐니뭐니해도 도시에서 가장 사랑받는
인민의 교통수단은 자전거이다.
자전거는 도시민에게 필수 아이템이자 생계수단이다.
시장이 확산되면서 장사 수단으로 없어서는 안 될
재산목록 1호가 되어가고 있다.

이제는 이동수단이라기보다는 건강도구가 되어버린 한국과 달리 북한에서 자전거는 주민들에게 없어서는 안될 '자가용'이다. 우리와 다른 북한 자전거의 특징은 무엇일까?

북한의 자전거는 주요 교통수단으로서 그만한 대우를 받는다. 우선 아

▲ 자전거를 타고 이동하는 북한 주민들 ⓒ<Shutterstock>

무나 자전거를 '운전'할 수 없다. 북한 주민들은 자전거를 타기 위해 우리의 경찰청과 같은 인민보안성에서 주관하는 운전 및 교통안전 시험에 합격해야 한다. 이 시험에 합격하면 면허증과 번호판을 받게 된다. 면허증을 잃어버리거나 교통신호를 위반할 경우 벌금이 부과되기도 한다.

북한의 자전거는 핸들 앞에 물건을 놓는 바구니가 있고 운전자의 다리 사이에 연결봉 없이 U자 형태를 한 것이 대부분이다. 운반수단으로 자전거가 중요한 수단임을 알 수 있다. 애지중지하는 자전거이다 보니 자전거를 도둑맞는 경우도 많다. 특히 상대적으로 다양한 교통이 발달한 평양과 달리 중소 도시에서 자전거는 없어서는 안 될 교통수단이다. 자전거가 집안에 귀중하게 보관되는 이유이다.

최근 북한의 자전거도 다양한 형태로 발전하고 있다. 특히 평양을 중심으로 중국산 전기자전거가 심심치 않게 확인되고 있다. 특이한 점은 북한 당국이 한동안 여성의 자전거 운전을 금지했었다는 점이다. 북한은 1990년대 후반 여성이 자전거를 타는 것이 '사회주의 미풍양속을 해친다'는 이유로 여성의 자전거 이용을 금지했다가 몇 차례 허용, 금지를 반복해 왔다. 물론 지금은 여성의 자전거 '운전'이 자유로워졌다.

북한에서 자전거와 함께 사랑받는 도시민의 교통수단은 버스다. 북한에는 전기로 움직이는 전동버스와 자체의 연료로 운행하는 무전동버스가 있다. 버스는 국정가격으로 저렴하게 운행하기 때문에 주민들이 많이 이용하는 교통수단이다. 상대적으로 저렴한 교통수단이다 보니 언제나 만원을 이룬다. 가끔 웃돈을 주고 버스노선을 벗어나 자신의 목적지에 도착하는 얌체족도 있다고 한다.

도시민의 교통수단에도 부의 격차를 느낄 수 있다.
어떤 이는 여전히 우마차를 몰고,
어떤 이들은 자전거로 생계를 유지하며,
어떤 이들은 자동차를 운전한다.
그렇게 우마차와 자전거, 자동차가 공존하는 북한의 도시.
서로 다른 시간이 공존하는 듯하다.

▲ 도시에는 우마차와 자전거, 자동차가 동거한다 ⓒ<Shutterstock>.

자전거 타고 평양 한 바퀴

　외국인이 어떤 목적으로 북한을 방문하든 자유롭게 이동할 수는 없습니다. 다만 저와 같은 외국인 류학생들은 불법행위를 하지 않는 이상 안내원 동행 없이 어느 정도 자유롭게 도시를 즐길 수 있습니다.

　자전거는 북한 주민들이 가장 많이 이용하는 이동 수단입니다. 2016년에는 시민들이 이용하는 일부 구간에 자전거 길이 만들어지기도 했습니다. 최근에는 중국에서 수입된 전기자전거도 심심찮게 볼 수 있는데요. 저도 유학생활을 하며 중국산 전기자전거를 미화 480달러에 구입했습니다.

　저는 이 자전거를 타고 평양의 대표적인 거리인 려명거리와 승리거리, 과학자거리, 천리마거리 등을 돌아볼 수 있었습니다. 특히 승리거리는 평양의 대동맥으로 '스탈린 거리'로도 불렸다고 합니다. 승리거리를 이용하면 만수대 언덕과 김일성광장에 있는 중국대사관을 만날 수 있고, 대동강 넘어 주체사상탑을 보며 개선문, 모란봉공원, 천리마동상, 평양역, 고려호텔 등을 방문할 수 있습니다.

▲ 자전거로 만나는 평양

자전거 여행이 좋은 점은 무엇일까요?

저는 무엇보다도 자전거를 이용해 더 많은 평양시민들을 만나고 그들의 삶을 직접 목격할 수 있다는 점이 좋았습니다. 등교하는 아이들이 재잘거리고 공원에서 남녀가 데이트를 즐기는 모습, 그리고 보통강변에서 낚시를 하는 아저씨들도 자전거를 타며 만날 수 있는 평양의 모습입니다. 물론 더 많은 북한의 음식들을 맛볼 수 있다는 장점도 빼놓을 수 없습니다.

▲ 평양의 대동강 줄기 어디서나 만날 수 있는 사회주의 강태공들

도시의 밤

1990년대 중반 북한을 강타한 경제위기는 도시의 밤을 앗아갔다. 도시의 밤을 밝히는 유일한 불빛은 '영원한 수령' 김일성의 동상과 벽화를 밝히는 불빛뿐이었다.

그러나 김정은 체제가 들어서며 도시의 밤이 살아나기 시작했다. 평양에서 일어난 건설 붐으로 밤의 거리를 밝히는 가로등이 늘어났으며 새롭게 건설된 건물에 네온싸인을 설치하도록 했다. 북한의 어두운 밤은 종종 북한의 후진성을 지적하는 사례로 뽑힌다. 그런 이유에선지 김정은 체제에서 밤을 밝히는 네온싸인이 점차 늘어나고 있는 것이다.

도시는 낮만큼이나 밤이 활기찬 공간이다.

북한의 밤 문화는 어떤 것들이 있을까? 아직 북한의 도시에서 밤을 밝히는 문화는 일반화되지 않고 있다. 다만 평양 등 대도시에서 밤을 즐기는 문화가 점차 확대되고 있다. 평양에 있는 개선청년공원은 야간에 개장하는 놀이공원으로 잘 알려져 있다.

청진, 신의주, 나선 등 국경변의 주요 도시들은 코로나 확산 전까지 중국 등 외국의 여행객들이 유입되며 밤을 밝히는 식당들과 상점들이 늘어나고 있었다.

▲ 밤을 여는 개선청년공원 ⓒ<통일TV> 진천규

도시의 밤 문화에 음주가 빠질 수 없을 것이다. 그렇다면, 북한의 술 문화는 어떨까? 북한을 대표하는 술로는 뭐니, 뭐니해도 대동강 맥주가 유명하다. 대동강 맥주는 한국의 북한 방문자들에게도 인기가 많은 북한의 대표 상품이다. 대동강 맥주뿐만 아니라 평양소주, 도토리소주, 들쭉술 등이 '조선술'로 유명하다.

도시민들의 밤 문화는 야외에서도 심심치 않게 볼 수 있다. 대도시의 강변이나 공원 근처에 노상 매점이 있고 벤치에서 맥주를 즐기는 모습이 북한 도시의 소소한 밤 문화라 할 수 있다.

한국이 실내에 있는 레스토랑이나 식당에서 음주를 즐기는 문화라면, 북한은 개인 집이나 야외를 이용한 음주 문화가 주를 이루고 있다. 아래는 탈북자가 말하는 북한의 음주문화이다.

여러 부류의 사람들이 모이는 대중식당 같은데서 생일파티를 하면서 축하송을 부르거나 자기들끼리 떠들썩하는 것은 공중도덕에 어긋나는 일이므로 가급적 조용한 대화를 나눈다.

때문에 술을 마시고 허물없이 떠들며 친목을 나누는 장소는 주로 개인 집이나 강기슭, 야산 등 외부장소를 택한다.

남한에서 술을 마시다보면 가끔 친근감의 표현으로 서로 자기가 먹은 술잔을 상대방에게 주고 술을 부어 권하는 경우들이 있다. 술을 받은 상대는 그것을 단번에 마시고 그 잔을 다시 먼저 권한 사람에게 되돌려 주고 거기에 술을 부어 답례한다. 북에는 없는 모습이다.

북한 사회의 상황 때문에 호프집이니 노래방이니 하는데 가지 못하지만 대신 이집, 저집, 돌아가며 밤늦게까지 술을 마시고 노래 부르고 춤추는 것은 가히 2차, 3차라고 할 만한 문화이다.

* 탈북교사의 생생이야기 http://unikorea21.com/?p=10703

북한은 여전히 사회주의국가를 표방하고 있는 만큼
밤을 밝히는 유흥가가 발달해 있지 않다.
왁자지껄한 음주문화는 터부시되는 듯하다.
하지만 음주와 가무를 즐기는 것은 남이나 북이나 다르지 않다.
언젠가 평양의 대동강 맥주 축제에서
남북이 함께 만나 시원한 맥주 한잔으로
밤을 보낼 날을 기대해 본다.

평양에서 찾은 하이네켄 바

제가 북한에서 공부하며 방문한 곳 중 가장 놀랍고 반가웠던 장소를 소개합니다. 때는 2018년 4월, 봄 날씨에 김일성종합대학의 친구들과 함께 평양 시내로 나가기로 했습니다. 우리는 친구의 추천으로 보통강 유역의 중국식 레스토랑을 방문하려 했지만 결국 찾지 못하고 주변의 다른 음식점을 찾게 되었는데요. 우연히 발견하게 된 곳은 놀랍게도 하이네켄 바였습니다.

▲ 평양에서 마시는 하이네켄

그곳에는 온통 하이네켄 기념품으로 가득했어요. 하이네켄 로고가 새겨진 시계부터 하이네켄 맥주통, 하이네켄 코스터, 하이네켄 재떨

이, 하이네켄 냉장고, 그리고 하이네켄 네온사인까지 온통 하이네켄 천국이었습니다. 하이네켄 바가 평양에 있다는 것도 놀라웠지만 하이네켄으로 치장된 인테리어와 다양한 기념품들을 보며 또 한 번 놀랄 수밖에 없었습니다.

우리는 구글 맵이 있었다면 이 보석 같은 곳을 찾지 못했을꺼라 이야기하며 하이네켄 맥주와 함께 즐거운 시간을 보냈습니다. 그렇게 평양에서의 밤이 또 저물어 갔습니다.

▲ 하이네켄 아이템으로 가꾸어진 바의 모습

속사정

    권현익과 정병호는 그들의 책『극장국가 북한』에서 북한이라는 국가 자체가 거대한 극장과 같다고 말했다. 북한의 국가 자체가 외부에 보여 지는 극장이라면, 북한의 도시, 특히 평양은 북한을 이끌어가는 권력자들이 북한의 인민들에게 보여주는 하나의 창조물이라 할 수 있다.

    우리는 종종 북한의 굶주린 주민들과
평양의 화려한 고층빌딩을 함께 보며 혼란스러워 한다.
김정은 시대에 평양은 고층아파트와 유희오락시설,
그리고 화려한 밤의 네온 싸인으로 장식되고 있다.
김정은 시대의 북한이 평양을 통해
그들의 인민들에게 보여주고자 하는 미래는 무엇일까?

    1990년대 식량난으로 국가의 존립 자체를 위협받았던 북한은 2012 년 김일성 탄생 100돐이 되는 해 강성대국을 건설하겠다는 야심찬 구호를 인민들에게 제시하였다. 그러나 2012년이 다가올수록 강성대국 건설의 미래는 신기루와 같아 보였다. 국내의 많은 북한 연구자들은 2012 년이 밝았을 때 북한이 어떤 변명을 인민들에게 할지 궁금했을 정도였다.

그런데 강성대국 건설을 약속했던 김정일이 2011년 12월 17일 사망하게 된다. 결국, 2012년은 김정일을 애도하는 해가 되고 말았다. 그렇다고 강성대국 건설의 약속이 사라질리 없다. 새롭게 등장한 김정은 체제는 평양을 "먼저 온 사회주의 선경"으로 만들어 인민들에게 그들이 외쳤던 강성대국의 미래를 '살짝' 보여주기로 한다. 그렇게 평양은 예전에 없었던 건설 붐이 일어나게 됐던 것이다.

▲ 지금 평양은 공사중 ⓒ<Shutterstock>

김정은 시대에 평양을 '사회주의 선경'으로 만들기 위한 노력은 대규모의 건설 붐을 일으켰다. 대표적으로 미래과학자거리와 여명거리 등에 고층 빌딩들이 들어섰으며, 능라인민유원지, 문수물놀이장, 그리고 중앙동물원과 자연박물관이 새롭게 개장하였다.

　평양이 '사회주의 선경'으로 재건되고 있지만, 지방 도시의 사정은 여전히 과거에 머물러 있다. 국제사회의 대북제재와 코로나19 팬데믹으로 경제 사정은 더욱 어려워지고 있다. 이제 북한 주민들이 평양을 방문하면 그들이 건설하고 있는 '사회주의 선경'을 관람하게 된다. 과거에 평양을 방문한 지방의 주민들이 김일성 수령의 만경대 생가와 주체사상탑, 금수산기념궁전을 방문했다면, 이제는 미래과학자거리나 능라인민유원지를 필수 코스로 방문하게 된다. 어려운 경제사정 속에서 김일성 3대를 버텨온 주민들에게 앞으로도 허리띠를 졸라매라 강제할 수만은 없는 북한의 속사정이 엿보인다.

II
House
집

집으로

집이란 무엇일까? 결혼한 부부라면 누구를 막론하고 내 집 마련의 꿈을 꾼다. 집은 우리들의 삶에 가장 중요한 보금자리이기 때문이다. 일반적으로 집은 우리가 일상을 살아가는 공간이자 혈연으로 이어진 가족이라는 의미가 복합되어 있다.

북한에서 집은 공간적 의미보다
공동체라는 사회정치적 의미로 인식된다.
우리 몸을 구성하는 세포가 튼튼하면 육체가 건강한 것처럼
사회의 세포를 이루는 가정이 튼튼해야
사회와 국가가 건강해진다고 보기 때문이다.
또한, 집은 국가라는 대 가정 속의 하나로 여겨진다.
수령이 대가정의 어버이고 각각의 가정은 자녀가 된다.
이처럼 집은 사회와 집단, 국가와 결합되어 있다.

북한은 가족이 살아갈 주택을 국가에서 무상으로 공급하는 정책을 추진해 왔다. 북한의 「살림집법」 제3조는 "국가는 현대적인 도시 살림집과 농촌 살림집을 국가부담으로 지어 인민들에게 보장하여 준다"고 규정하고 있고, 「노동법」 제69조는 "국가는 근로자들에게 쓸모 있고 문화적인

살림집과 합숙을 보장한다"고 명시하고 있다. '고난의 행군' 이전까지 북한의 기관, 기업소들은 국가재정으로 주택을 건설해 결혼한 새신랑 명의로 주택을 배정해 주었다.

비록 1990년대 중반 경제난으로 국가의 주택 건설이 대폭 감소하면서 스스로 주택을 마련해야 하는 형편이지만, 국가에 의한 주택공급정책은 유지되고 있다. 2020년 8월 태풍으로 집을 잃은 황해남북도와 강원도, 평안남도, 함경북도 지역 주민들에게 '전국이 떨쳐나' 주택을 지어준 것도 이런 정책에 기인한다. 일생을 벌어 스스로 '내 집 마련'하는 것이 소원인 한국의 가정과는 다소 다르다.

그러나 세상에 공짜가 어디 있을까? 나라에서 배급해준 주택에서 살아가는 북한의 가정들은 당과 수령의 은덕을 한시도 잊어서는 안 되며, 그 '고마움'에 대를 이어 충성하는 것으로 보답해야 한다.

▲ 2019년 새로 건설된 삼지연군 살림집을 방문한 김정은 ⓒ〈연합〉

북한의 살림집에 '장군님 식솔(식구)'이라는
족자가 걸려있는 것을 종종 볼 수 있다.
만약 한국에서 우리는 '대통령님 식솔'이라고 하면
'미친 사람' 취급을 받을 것이다.
한국 사회에서 자녀가 부모에게 효성을 해야 하듯
북한 가정도 대가정의 어버이인 수령에게
충성과 효성을 다해야 한다.

북한의 부모들은 직장에서 혁명가로서의 본분을 다하는 한편 가정에서는 혁명동지의 사랑으로 결합되어야 하며, 혁명 선배로서 자녀들의 혁명관이 바로 서도록 교양해야 한다. 이런 이유로 가정에서 한 사람의 '정치적 이탈'은 온 가정의 '정치적 수용소'행으로 이어지게 되고 반대로 한 사람의 '정치적 성과'는 가정의 영광으로 여겨진다.

이처럼 북한에서 '집'은 혈연적 관계, 동지적 관계로 맺어진 혁명하는 사람들의 '삶의 터전'이라고 할 수 있다. 다만 늘 '전투적'으로 생활하는 것은 아니며, 매 가정만의 희로애락이 함께 공존한다. 그렇다면 사회의 세포, '장군님 식솔'이라 일컬어지는 북한의 집, 가정은 어떻게 형성되며 가정에서는 어떤 일들이 일어나고 있을까?

사랑도, 결혼도, 혁명가처럼

가정은 결혼을 통해 형성되고 가정생활은 집이라는 공간에서 이뤄진다. 그러나 북한 영화 '우리 집 이야기'처럼 처녀가 부모 없는 아이들과 한 가정을 이루고 혈육보다 더한 사랑을 나누는 '가정'도 간혹 있다.

북한의 처녀, 총각은
결혼을 당연한 것으로 생각한다.
그래서인지 자녀들이 적령기를 놓칠까, 또는 결혼 못 할까,
부모님들이 걱정하는 일도 별로 없다.
결혼하지 않은 노총각, 노처녀도 거의 없다.
아직은 비혼주의자들이 많지 않다.

구정, 추석과 같은 명절 때마다 "너는 언제 결혼하냐? 애인은 있냐?"라는 부모님들 때문에 스트레스라는 한국의 청춘들과는 사뭇 다른 상황이다. 북한에는 적령기에 여러 사정으로 결혼 못 한 사람들이 일부 있지만, 특별한 사정이 없는한 비교적 결혼을 성사시킨다. 탈북 여성들이 한국에 입국해 의외로 많은 미혼 남성들을 보고 똑똑하지 못하거나 뭔가 부실해서 결혼을 못 한 '바보'로 인식했던 것도 북한에서 체득한 결혼에 대한 인식 때문이다.

그렇다면 북한의 연애는 어떨까? 북한에 사랑을 그린 시가 있다.

"다니지 마시라, 사랑을 구하러,
사랑은 언제나 가까이에 있는 법."

시의 구절처럼 북한의 청춘들은 일터(직장)와 같은 생활 속에서 사랑의 짝을 만난다. 일부 중매 결혼도 있다지만 아직은 일반적이지 않다.

북한 영화에도 많이 등장하는 것처럼 대규모 건설장에서, 광석을 캐는 지하 막장에서, 과학의 길에서 동지에서 연인으로 발전하는 청춘남녀들이 많다. 이렇게 맺어진 사랑은 그 무슨 이해관계와는 인연이 없다. 북한 당국은 청춘들의 사랑을 이 시대 혁명하는 사람들의 사랑으로 묘사하면서 많은 모델을 만들어 홍보하기도 한다. 연애도 혁명가처럼 해야 한다는 것, 그러니 한국의 연인들이 맛있는 음식을 먹고 영화도 보고 싶지어는 동거하는 것과 같은 사랑은 '혁명가의 사랑'과는 거리가 멀다.

특히 2000년대 중반 이전까지만 해도 북한에서 남녀의 공공연한 사랑은 부끄러움의 대상이었다. 결혼하기 전까지 스킨십은 물론 사랑하는 사람의 손 한번 잡아보지 못하고 결혼한 사람들이 적지 않다. 성이 비교적 개방 된 자본주의 사회와 달리 북한은 유독 이성에 대해 엄격한 잣대를 들이댄다. 결혼하기 전까지 신랑, 신부는 성에 대해 교육받아본 적도 들어본 적도 거의 없다. 한국은 학교에서 성교육을 주는 것이 당연시되지만, 북한은 성교육 자체가 금물이다.

그러나 사랑하는 사람 앞에서 설레는 것은

생리적인 속성이라 그것까지 당국이 통제할 수는 없다.

그래서 몰래 데이트를 하고 팔짱을 껴본 사람이 간혹 있다.

이제 '사랑한다', '좋아한다'라는 말보다도

눈빛과 마음으로 사랑을 주고받던 시대에서

연인끼리 당당히 팔짱 끼고, 손목 잡고

데이트를 즐기는 새로운 시대가 북한에도 오고 있다.

그 장본인이 바로 김정은과 리설주 부부이다.

▲ 능라인민유원지에서 팔짱을 낀 김정은, 리설주 부부 ©〈연합〉

1990년대 중반 이후 장마당 경제가 확대되면서 유입된 남한 영화와
드라마 속 연인들의 모습은 북한의 청춘들에게 아주 신선한 모습으로 비

쳤다. 그러나 '혁명적인 사랑'을 추구하는 북한 사회에서 누구도 선 듯 행동으로 옮길 수는 없다. 그런데 2012년 영부인으로 등장한 리설주가 김정은의 왼팔을 낀 모습이 노동신문과 TV로 방영되면서 북한 연인들의 억눌렸던 사랑표현이 수면 위로 올라오게 된다.

가부장적인 사회에서 평생을 살아온 할아버지, 할머니 세대들은 김정은 부부의 모습을 보고 '자본주의 날라리풍'이라고 혀를 찼을지도 모른다. 그러나 새것에 민감하고 진취적인 북한의 청춘들에게 신선한 모습으로 비쳤을 것이다. 2017년에 입국한 한 탈북 여성은 김정은, 리설주 부부의 모습을 본 북한 청춘들이 다정한 부부라고 매우 좋게 생각했다고 한다.

이때부터 평양의 대동강과 모란봉공원 그리고 길거리에서 자연스럽게 손목 잡고, 팔짱 끼고 다니는 연인들이 나타나기 시작했고 결국 최고 지도자의 사랑관, 부부관이 북한 사회의 이성 문화를 바꿔놓은 것이다.

▲ 스케이트를 타며 데이트를 즐기는 연인들 ©Alek Sigley

또한, 연인 간 사랑에서 중요한 것은 연애 기간이다. 남한의 경우 비교적 연애 기간이 길다. 어떤 이들은 거의 10년을 연애하고 헤어지기도 하고 결혼하기도 한다. 반대로 북한 연인들의 연애 기간은 길지 않다. 그것은 너무 오랫동안 연애하면 처음에는 장점만 보이지만, 점차 단점이 보이면서 결국 실망으로 이어져 결혼까지 이어지기가 어렵다고 생각하기 때문이다. 세상에 완성된 사람이 있을까? 엄밀히 말하면 서로에게 100% 만족할만한 사람이 있을까?

연애 기간 북한 연인들은
상대방의 긍정적이고 좋은 면만 보려고 애쓴다.
부족한 부분은 결혼해 살면서 서로 채워주는 것이
부부라고 생각하기 때문이다.
어찌 보면 너무 순진한 생각일지도 모른다.
결혼해서 살기 싫어지면 어찌할까.

남남이 하나가 되어 살면서 좋을 때도 있고 나쁠 때도 있기 마련, 이것이 인생이라 여기는 북한 사람들의 순수한 모습들이 참 보기 좋지만, 그들도 외부문물이 유입되면서 변화하고 있다. 우리가 꼭 유념해야 할 것은 북한에서 결혼은 동지적 사랑에 기반한 청춘남녀의 만남이라는 것, 부부는 사회와 집단, 조국을 위해 함께 하는 혁명동지라는 것이다.

혼수는 '오장육기'에서 '손오공아'로

아름다운 연애의 결실은 결혼식이다. 화려한 드레스와 나비넥타이 정장을 하고 호텔이나 예식장에서 친인척과 지인들의 축복 속에 결혼식을 올리는 남한과는 달리 북한 신혼부부는 수수한 한복과 양복 차림으로 신랑과 신붓집에서, 두 번의 결혼식을 올린다. 90년대 식량난 이후 신랑·신부가 서로 합의해 한 번의 결혼식을 올리는 경우도 있다.

결혼식이 끝난 신랑, 신부들이 찾는 곳,
이들은 김일성 주석과 김정일위원장 동상을 참배하고
도시의 강변에서 보트를 타거나
시내 경치 좋은 곳에서 사진을 찍기도 한다.
시골에서는 지역의 명소를 돌아보며 기념사진을 찍거나
친구들과 결혼 축하 '오락회'를 즐기기도 한다.
남한의 신혼여행과 같은 것은 꿈 꿀 수 없다.
여행의 자유가 제한된 북한에서
여행증명서가 없이는 타 지역으로 갈 수 없으니
신혼여행이 가당키나 할까?
그래도, 그들은 행복해 보인다.

▲ 결혼 기념사진을 찍는 이북의 남녀 ⓒ<Shutterstock>

　결혼에서 빼놓을 수 없는 것이 혼수이다. 북한에서 '오장육기'는 오랫동안 유지되고 있는 북한의 혼수 문화이다. 혼수는 결혼할 때 신부가 결혼생활에 필요한 살림을 장만하는 것이다. 혼수 문화는 우리 민족의 문화로서 남북 모두에 존재한다. 북한은 결혼하면 신랑 쪽에서 집을 장만하고 신부 쪽에서 오장육기를 마련해야 하는데, 국가공급이 정상적으로 진행되던 80년대까지는 신랑이 돈으로 주택을 사야 할 이유는 없었다. 그러니 아들 가진 부모는 결혼이 큰 부담이 되지 않지만, 딸 가진 부모는 정말 많은 준비를 해야 한다. 그래서 딸 세 명이면 아버지 코까지 베어 '수저통'을 한다는 우스갯소리도 있다.

　그렇다면 오장육기에는 어떤 것들이 있을까?

　북한 사람들이 말하는 오장에는 이불장, 양복장, 장식장, 책장, 찬장, 육기에는 텔레비전수상기, 냉동기, 세탁기, 재봉기, 선풍기, 녹음기가 포함된다. 전통적인 사회주의 계획경제에서 모든 혼수품도 사회주의 상업을 통해 공급해주는 것이 원칙이다. 결혼한 신랑이 소속된 기업소에서 집을 배정해 주듯이 신부 앞으로는 오장육기가 공급되어 혼수품을 마련하도록 한다. 그러나 북한에서 오장이나 육기는 절대적인 공급이 부족하여 수요를 보장하기 어렵다. 그리고 이들 제품은 간장, 된장, 소금처럼 하루라도 먹지 않으면 안 되는 기초식품과 달라 굳이 없이도 생활하는데 큰 어려움이 없다.

국가공급이 중단된 상태에서 시장을 통해 돈을 벌고 상품을 구입할 수 있는 환경이 마련되면서 북한의 혼수 문화도 점차 변화하고 있다. 과거 '동일노동', '동일임금' 제도와 의식주의 국가공급제도가 작동되던 북한에서 거의 모든 가구의 구매력과 소비수준은 비슷했다. 그러나 2000년대를 넘어 2010년대에 들어서면서 북한 사회도 변화를 맞이하고 있다. 인센티브 제도가 도입되면서 동일노동을 하는 사람들 사이에서도 많은 소득을 올린 사람과 그렇지 못한 사람들이 생겨났고 시장에서 다양한 장사행위를 통해 큰돈을 벌어 부자가 된 사람도 있다.

이러한 부유층을 중심으로 북한의 혼수문화는 '오장육기'에서 '손오공아'로 바뀌고 있다. '손오공아'는 손전화기(핸드폰), 오토바이, 공부 뒷바라지, 아파트를 말한다. 남한에는 어린이집을 다니는 아이로부터 노인에 이르기까지 손전화기가 없는 사람이 거의 없다. 손전화기는 우리 생활에 없어서는 안 될 생활필수품으로 자리 잡았다. 그러나 북한에서는 약 600만명이 손전화기를 사용하고 있는데, 이는 부의 상징이 되고 있다.

오토바이는 왜 혼수품으로 된 것일까? 북한의 대중교통은 우리가 상상할 수 없을 정도로 열악하다. 따라서 북한 주민들에게 4km, 즉 10리 정도 걸어 다니는 것은 아주 보편적인 일이고 20리도 도보로 다닐 수 있다. 그러나 1990년대 중반 이후 장사를 하면서 시간 단축을 위해 자전거가 대중교통수단으로 큰 인기를 끌었고, 최근에는 자전거보다 훨씬 빠르게 이동할 수 있는 오토바이가 남자들의 선호상품이 된 것이다.

공부 뒷바라지는 제대군인 대학생 남편을 공부시킬 수 있는 능력이다. 제대군인 대학생은 노동당원이기 때문에 대학만 졸업하면 간부의 조건을 모두 갖추게 된다. 여자들이 가장 선호하는 이상형이 군대를 제대한 대학 졸업생인 것이다. 과거 80년대 대학생들 같으면 아내가 남편의 뒷바라질 할 일이 없었겠지만, 지금은 대학교 급식도 어려운 상황이라 아내의 도움 없이는 대학교 졸업이 쉽지 않다. 결국, 공부 뒷바라지는 남편이 대학을 졸업할 때까지 생활비를 비롯해 생활 조건을 모두 마련해주는 것이라 할 수 있다.

최근에 떠오른 혼수 중
아파트는 신랑이 해결해야 할 몫이었으나
이제는 신부의 몫이 되었다고 한다.
도대체 북한 남성들은 결혼하면서 무엇을 준비하는지
궁금해진다.
최근 변화된 '손오공아' 중 '손오공'은
모두 신랑을 위한 신부의 희생이다.
결혼에서 혼수도 중요하지만,
더 중요한 것은 신랑, 신부의 진정한 사랑이 아닐까?

세대주는 가정의 기둥

한 가정을 이끌어 나가는 사람을 가리켜 가장이라고 한다. 부모님이 계셔도 일할 능력이 부족해 어린 자녀들이 가정을 이끌어야 한다면 소년, 소녀 가장이라고 한다.

북한에서는 가장을 '세대주'라 칭한다.
세대는 주거와 생계를 함께하는 집단이다.
세대주는 이런 세대의 주인인 것이다.
북한의 아내들은 타인에게 남편을 소개할 때
'우리 남편' 또는 '우리 세대주'라고 한다.
얼마 전에 엄청난 인기를 끌었던 드라마 "사랑의 불시착"에서도
군인 사택 아내들이 남편을 '우리 세대주'라고 불렀다.

그렇다면 세대주는 가정에서 어떤 위치에 있을까?
국가에서 공급받은 주택의 '살림집 이용허가증', 식량을 공급받는 '식량공급카드', 식료품과 의류 등을 공급받는 '상품공급 대장'에는 세대주 이름이 올라있다. 말하자면 세대주앞으로 의식주가 공급된다는 뜻이다. 세대원의 식량 배급표는 세대주가 직장에서 한 달간 일한 후 세대주 앞으로 공급되기 때문에 온 식구의 식량은 세대주에 달려있다.

또한 세대주가 직장생활을 통해 벌어들인 생활비(임금)로 상점에서 상품을 사게 된다. 결국 세대 소비생활은 세대주 없이는 불가능하다. 남편이 사망하게 되면 노동할 능력이 있는 아들이 세대주가 될 수도 있지만, 그렇지 못할 경우 아내가 남편을 대신해 세대주가 된다. 이런 경우 가정주부였던 아내는 의무적으로 직장생활을 해야 한다. 세대주는 국가에 대한 희생과 헌신으로 아내와 자녀의 모든 생활을 보장한다고 할 수 있다. 이처럼 아내와 자녀에게 세대주는 그야말로 없어서는 안 될 든든한 기둥이다.

▲ 나들이 나온 북한 가족의 모습 ⓒ<Shutterstock>

이처럼 가정에서 절대적이었던 세대주의 위치는 1990년대 중반 경제난으로 국가공급이 중단되면서 변화를 맞이하게 된다. 경제난은 기업과 함께 세대주인 근로자의 생산활동을 멈추게 하였으며, 이는 세대주로 인해 공급받던 한 가정의 식량과 소비품 공급도 멈추게 하였다. 동시에 가정에서 세대주의 역할과 위치 또한 사라져 버렸다.

이제 세대주 앞으로 공급되던 주택도, 가족의 생계도 아내의 몫이 되었다. 아내는 매일 시장 활동을 통해 돈을 벌어야 했고 스스로 가정경제를 책임져야 했다. 그 이유는 남자들은 사직이 불가능하고 매일 출근하여 당 조직, 근로단체 조직생활에 참여해야 했기 때문이다. 당시 세대주가 집에서 할 수 있는 역할이라곤 고작 생활용수를 마련하거나 집을 지키는 것 외 아무것도 없었다.

일부 세대주들은 직장에 돈을 지불하는 '8.3 노동'으로 생활비를 자체로 벌어들이기도 했지만, 대부분은 가족경제의 책임을 아내에게 맡겼다. 남성과 달리 여성은 직장에 사표를 던지고 장사를 할 수 있었기 때문이다. 그래서 북한 여성들 속에서 남편과 '치마'와 '바지'를 바꿔입어야 한다는 우스갯소리가 나오기도 했다.

김정은 시대의 세대주는 어떨까? 이제 세대주에게 지난날의 '영광'을 찾을 기회가 왔다. 김정은 집권 이후 '사회주의기업책임관리제'를 도입하면서 일한 만큼 성과금을 받을 수 있게 되었다. 그러나 세대주가 가정에서의 경제적 역할을 제대로 수행하자면 아직은 갈 길이 멀다.

세대주의 위치는 가정경제뿐 아니라 자녀들의 진로에도 큰 영향을 미친다. 한국 사회에서는 이력서나 자기소개서를 제출하는 것이 보편적이지만, 북한은 '간부'로 배치되는 사람들만 이력서와 자기소개서를 쓰게 된다. 일반 노동자나 농민들은 이런 과정을 거치지 않는다. '간부이력서'를 보면 '출신성분'과 '사회성분'란이 있다. 여기서 출신성분은 본인이 태어날 때 아버지의 성분이고 사회성분은 본인의 현재 성분이다. 만약 본인이 태어날 때 아버지가 사무원이었으면 출신성분은 사무원이고 사회성분은 현재의 신분, 예를 들어 학생이 된다. 결과적으로 아버지가 가졌던 출신성분은 절대 바꿀 수 없으나, 사회성분은 바꿀 수 있다. 노동자가 열심히 공부해 대학에 가고 졸업 후 사무원이 되었다면 자녀의 출신성분은 노동자에서 사무원으로 바뀌게 된다.

최근에 북한의 부유층들은
자녀를 공부시켜 신분 상승을 노리는 경우가 많다.
좋은 대학에 보내 졸업한 후
돈을 들여 좋은 직장에 취업시키거나,
인민보안서 주민등록과에 돈을 주고
세대주의 신분을 말소시키는 방법으로
새로운 신분을 만들기도 한다.

저출산 시대 '모성 영웅'

　새로운 가정의 탄생은 출산을 동반한다. 최근 한국 사회에서 결혼과 출산을 꺼리는 현상이 증가하고 있다. 자녀 양육의 어려움과 교육비 부담, 사회활동의 어려움에서 비롯된 사회적 문제이다. 북한보다 1인당 국민소득이 30배 이상 되는 한국 사회에서 출산과 자녀양육 문제가 발생하고 있는데, 기본적인 생활이 어려운 북한에서 출산과 양육은 어떤 모습일까?

　의외로 북한의 신혼부부들은 결혼으로 가정을 이루면 출산과 자녀 양육을 당연하게 받아들인다. 90년대 중반 식량난으로 먹는 문제가 발생하면서 식구 한 명 덜기 위해 다자녀를 출산하지는 않지만, 한, 두 명의 자녀를 갖는 것은 매우 보편적이다. 북한의 부부들이 아이들의 양육과 성장 과정에 들어가는 경제적 비용을 먼저 계산하지 않기 때문이다. 다만 사회 전반에 자녀 한 명이면 딱 좋고 두 명이면 많다는 인식이 확대되고 있다.

　1990년대 중반의 경제난으로 영유아를 비롯한 수많은 사람이 굶어 죽으면서 어머니들은 다자녀 출산을 꺼리기 시작했다. 북한은 1998년 9월, 37년 만에 제2차 어머니 대회를 개최하는 등 출산을 장려하는 정책을 강화해 왔다. 특히 다산모에게 영웅 칭호를 주어 사회적으로 내세우는 '모성 영웅 제도'가 현재까지 지속되고 있다.

평안북도 천마군의 박모씨는 아홉 남매를 낳아 키운 공로로 제4차 '전국 어머니 대회'에 참가하여 노력 영웅 칭호를 받아 모성 영웅이 되었다. 이후 박씨가 열 번째 자녀를 출산하였는데, 나라에서 주치의를 배치하고 지역사회 전체가 도와주었다고 한다. 4차 어머니 대회에서는 다산모 7명이 노력 영웅 칭호를 받기도 했다.

▲ 33명의 고아를 키웠다는 모성영웅 서혜숙씨의 모습 ⓒ〈연합〉

북한은 출산 후 육아를 위해 회사와 지역에 탁아소를 설립하고 출생 3개월부터 탁아소에서 보육하는 정책을 진행해 왔다. 경제난 이전까지만 해도 이러한 보육 정책을 통해 육아 문제는 대부분 해결되었다. 출산 휴가 기간에는 엄마가 아이를 돌보고 회사에 복귀한 이후부터는 회사의 탁아소 또는 지역 탁아소에서 아이를 돌봐주게 된다. 남한처럼 육아로 직장인 여성들이 퇴사하거나 남편까지 육아휴직을 받는 일은 발생하지 않는다. 북한의 복지제도는 젊은부부의 자녀 양육에 있어 비교적 훌륭한 제도로 평가할 수 있으나 90년대 경제난 이후 이러한 육아 정책은 일부에서만 작동되고 있다.

　북한 가정은 아빠와 엄마의 역할이 비교적 구분 되어 있어
　빨래와 육아 등은 기본적으로 여성의 역할이다.
　따라서 아빠의 육아휴직 같은 제도는 없다.
　여성들은 어린아이를 등에 업고 장사하는 등
　사회적 보호를 받지 못하는 문제가 발생하고 있다.
　보모에게 아이를 맡기려면 수고비와 분윳값이 들어간다.
　육아도 이제 돈이 필요하게 된 것이다.

　2016년 조선중앙TV는 '여인들의 하루'라는 프로그램을 통해 밥하고 청소하고 아이를 돌보는 등 가정의 행복을 위해 가장 먼저 일어나 수고하는 어머니들의 모습을 보여주었다. 그러나 불과 3년이 지난 2019년에는 남편이 아이들을 돌보고 아내는 아침 식사를 준비하는 새로운 가정 풍경을 방영하였다. 한국 영화를 비롯해 외부문물이 북한으로 유입되면서 젊은 부부를 중심으로 가정에서 남편의 역할이 조금씩 변화하고 있는

것이다.

  최근에는 국가의 보육시스템이 일부 복원되면서 아이들을 탁아소에서 보육하는 모습도 확인되고 있다. 2019년 북한의 조선중앙TV에서 한 연구사는 "처음에 연구사업 때문에 아이를 떼놓는다고 생각하니까 좀 아쉬운 감도 있었지만 그래도 아이를 이렇게 맡겨놓고 연구사업에 전념할 수 있고 아이도 또 명랑하게 잘 자라니까 정말 기쁩니다."라고 인터뷰했다.(조선중앙TV, 2019.11.16.)

  이처럼 북한의 무너진 보육제도가 점차 복원되는 한편 가정에서 남편의 아이 돌봄과 같은 문화는 북한의 가부장적인 가족문화의 변화를 보여준다.

삼시 세끼와 명절 특식

우리는 가끔 이런 농담을 던지곤 한다. '당신은 먹기 위해 돈을 버나요? 돈을 벌기 위해 먹나요?' 어느 것이 정답인지 모르겠다. 아무튼, 숨쉬는 사람에게 있어 먹는 문제가 과히 중요함은 틀림없다.

과거 국가배급제에서 북한의 가정들은 나라에서 공급해주는 식량, 간장, 된장, 식용유, 채소, 과일, 물고기 등으로 식생활을 해왔다. 모든 공급품목에는 1인당 기준량이 책정되어 있어 어느 가정을 막론하고 생활 수준이 비슷하다. 국영상점에서 물고기를 공급하면 동네의 모든 가정은 꼭 같은 고기반찬을 먹었고, 채소를 공급하면 채소 된장국을 먹는 등 식생활 차이가 별로 없다.

다만 농촌의 가정들은 텃밭에 심은 채소와 가정에서 직접 기른 가축들이 있어 일상적인 식생활이 도시와 다소 다르다. 대체로 평상시에는 옥수수밥, 강냉이 또는 밀가루 국수를 주식으로, 계절 채소와 산나물, 수산물은 부식으로 먹는다. 생활 수준이 이 집, 저 집 모두 비슷하니 불만도 없고 그저 행복하다.

그러나 국가공급이 중단된 이후 시장이 활성화되면서
주민들은 시장이나 백화점, 대형쇼핑몰, 온라인 쇼핑몰 등에서
소비품을 스스로 해결하게 되었다.

결국, 구매력 수준에 따라 생활 수준이 변하게 된 것이다.
중산층 이상은 배급제에서보다 나은 생활을 하는 반면,
하층은 그때보다 많이 부족한 생활을 하면서
식생활이 양극화되고 있다.

▲ 식료품상점에서 메주장을 구입하는 주민들 ⓒ〈연합〉

북한 주민들 중 대형쇼핑몰에서 장바구니를 들고 필요한 상품을 골라 담을 수 있는 사람들이 얼마나 될까? 비록 주머니 사정이 넉넉한 극소수에 불과하겠지만, 여기서 우리가 눈여겨볼 대목은 내가 돈을 벌어 내가 먹고 싶은 식품을 마음껏 살 수 있는 그런 조건이 형성되었다는 점이다. 이제는 스스로의 경제적 능력에 따라 우리 집 밥상을 변화시킬 수 있게 된 것이다.

국가배급제에서 늘 부족한 식생활을 해왔던 북한 주민들에게 어쩌다

한 번씩 돌아오는 명절은 정말로 행복한 날이다. 일상에서 잘 먹어볼 수 없는 명절 음식을 장만하는 행복, 밤새 가족이 함께 음식을 만드는 행복, 맛난 음식을 먹고 즐거워하는 아이들을 바라보는 행복, 이는 명절을 맞는 모든 부모들이 느끼는 감정이다. 북한 영화 '우리 집 향기'에서 보는 것처럼 한복을 입은 옆집 꼬마와 아버지는 이웃집 할아버지에게 설 인사를 드리고 음식을 함께 나누고 있다. 이웃 간에 명절 음식을 나누는 정, 지인들과 함께 나누는 행복은 돈으로 계산할 수 없다.

북한에서 명절에 가장 많이 먹는 음식은 무엇일까? 일부에서는 인조 고기밥이나 두부밥을 명절날 단골 메뉴라고 하는데, 그렇지 않다. 인조 고기밥은 콩으로 만든 인조고기에 구멍을 내고 밥을 넣은 다음 양념장을 바른 밥이고, 두부밥은 두부를 튀겨서 가운데를 자르고 밥을 넣고 인조고기 양념장을 밥에 발라서 먹는 음식인데 사실 길거리음식이다. 명절 음식이라고 하면 평범한 날, 정말이지 아무 때나 먹을 수 없는 음식인데 떡과 고기, 만두를 꼽을 수 있다.

왜 떡이 명절 음식으로 될까? 남한의 시장에 가면 떡 한 팩이 2,000 원인데 한 시간 일하면 4팩도 살 수 있다. 이처럼 남한에서 떡은 특별한 음식이 아니다. 그러나 쌀이 귀한 북한에서 평범한 사람들은 명절을 제외하고는 떡을 잘 만들어 먹지 못한다. 그러니 명절 음식으로는 단연 1위가 떡이라고 할 수 있다. 명절에 먹는 떡에는 송편, 찰떡, 백설기, 술떡 등 종류도 다양하다. 2019년 설날 북한이 노동신문 홈페이지를 통해 설음식으로 떡국, 녹두 지짐, 노치(노티)를 소개했는데, 설 음식도 많이 달라지고 있음을 느낀다.

속사정

  우리 사회에는 행복한 가정이 있는 반면에 불행한 가정도 있다. 나는
행복을 꿈꿨는데 왜 불행이 오는 것일까? 한 전문가에 따르면, 행복이
깨지는 원인은 부부의 평등이 파괴되기 때문이다. 남편과 아내의 관계는
어느 누가 상대방을 지배하는 수직적인 것이 아니라 수평적이며 서로 존
중해야 할 공동체이다. 그러나 남편과 아내의 평등이 깨어지면서 미움,
원망이 생겨나고 분노가 싸여 남편이 아내를, 아내가 남편을 죽이는 범
죄까지 발생한다고 한다. 북한은 살인과 같은 사회적 문제가 되는 사건
들을 일절 보도하지 않아 잘 알 수는 없지만, 북한의 집에서 어떤 일들이
발생하는지 궁금하다.

  북한의 논리에 따르면, 여성은 사회와 가정에서 남성들과 같은 권리
를 가진다. 북한은 남자가 여자보다 우월하다는 '남존여비'와 같은 불평
등을 '공식적'으로 배척한다. 이는 북한이 해방된 이듬해인 1946년 7월
공포한 남녀평등권 법령을 통해서도 알 수 있다. 이때부터 국제부녀절
인 3.8절과 함께 7월 30일은 여성만의 명절이 되었다. 북한의 남편들
은 이날만큼은 앞치마를 두르고 아내와 아이들을 위해 부뚜막(남한의 싱
크대)에 서본다. 아내들은 1년에 두 번 남편이 차려준 밥상을 받고 감격
하며 1년 365일 중 가장 행복한 하루를 보낸다.

  2012년 5월 북한은 최고인민회의 상임위원회 결정을 통해 생전에 김

일성이 제1차 어머니 대회를 개최했던 11월 16일을 여성을 위한 명절, '어머니 날'로 제정하였다. 혁명의 한쪽 수레바퀴를 끌면서도 가정을 위해 자신을 아낌없이 희생한 북한의 어머니, 아내들이다. 1990년대 '고난의 행군' 시기, 가정을 지켜낸 사람도, 나라의 어려움을 극복해 낸 사람도 바로 이들이다. 여성들의 이러한 희생은 노랫말에서도 잘 드러난다.

여성은 꽃이라네, 생활의 꽃이라네~
정다운 아내여 누나여 그대들 없다면
생활의 한자리가 비어 있으리~
여성은 꽃이라네 나라의 꽃이라네~
정다운 아내여 누나여 그대들 없다면
나라의 한자리가 비어 있으리~

여성을 생활의 꽃, 행복의 꽃 나라의 꽃으로 묘사하며 이들이 없으면 생활과 행복, 나라의 한자리가 비어 있다고 노래하고 있다. 그만큼 가정과 국가에서 여성의 위치가 크다는 반증이다. 북한의 '어머니 날'은 국가 경제가 어려운 조건에서 가정과 사회를 위한 어머니의 헌신을 기리기 위해 제정된 것이다. 아버지와 어머니의 은혜에 감사하고 어른과 노인을 공경하는 경로효친의 전통적 미덕을 기리기 위해 법정기념일로 제정된 남한의 '어버이날'과는 상반된다.

이처럼 북한은 지난날 사회와 가정의 희생물이 되어 기를 펴지 못하고 살던 여성들에게 남성들과 꼭 같은 권리를 누릴 수 있도록 국가적인 관심을 기울여 왔다. 그래서 북한 여성은 가정에서도 남편과 꼭 같은 권리를 누리고 있는 것처럼 보인다.

정말로 북한의 가정에서 부부는 평등할까?
진실로 그랬으면 좋겠지만,
북한 부부의 관계는 수직적이다.
그것은 아내와 자녀들이 당과 수령에게 충실하도록 이끌어야 할
남편의 역할과 가정경제 책임 등과 연관되어 있다.
북한의 아내들은 남편에게 순종하고
자녀들에게는 헌신해야 한다고 인식해 왔다.
이런 순종적인 관계는 남편의 '폭력'을 낳기도 한다.

북한의 남편들은 백번 순종하다 한번 실수하면 아내들에게 폭력을 가하는 경우가 적지 않다. '법보다 주먹이 가깝다'라는 말이 있는 것이 우연한 것이 아니다. 어떤 남편들은 직장에서 잘 풀리지 않은 일이 있거나 비판을 받으면 그 화풀이를 집에 와서 하기도 한다. 그것도 멀쩡한 정신이 아니라 술 마시고 주정하는 식이다.

그래서 오늘은 이 집 아내가 '술 도깨비' 남편에게 맞아 피멍이 든 채 옆집으로 피신하고 내일은 뒷집의 아내가 앞집으로 피신한다. 주먹을 휘두르는 남편은 이것이 '가정의 대를 세우는 일'이라고 당연시하는 듯하다. 평범한 일상이 뒤죽박죽되어 가는 것 같지만, 다음날이면 어제 일은 벌써 까마득한 옛말이 되고 아내는 그 남편을 위해 아침을 준비한다. 남한식 사고로는 참 이해하기 어려운 북한의 아내들이다.

멍이 든 아내를 뒤로하고 며칠 동안 출장을 다녀온 남편, 아내에게 스카프를 선물한다. 병 주고 약 주는 걸까? 어제는 매를 들고 오늘은 스카프를 손에 쥐여주는 저 사람 완전 '미친놈'이다. 이런 일상이 반복되어도 아내는 신고할 생각도 '폭력 남편'과 이혼할 생각도 못 한다. '참고 살아

야지, 남남끼리 모인 부부 다 이렇게 살겠지' 위안한다. '나의 잘못도 있겠지, 부부 싸움은 칼로 물 베기라 했던가?'

가부장적이고 수직적인 가족문화는 미국에 정착하여 살던 한 탈북민에게 고스란히 드러난다.

"미국에 정착한 서씨의 집에는 아내와 두 아들이 함께 살고 있었다. 미국 적응이 어려웠던 서씨는 술을 자주 마셨다고 한다. 그는 일하고 돌아온 아내와 아이들을 격려하는 대신 북한에서의 가부장 방식대로 군림하고 호통하는 습관을 버리지 못해 폭력을 행사하였다. 처음에 아내는 북한에서처럼 참고 지냈으나 점점 폭행이 잦아지면서 경찰이 출동하기도 했다. 서씨는 아내와의 별거를 명령받았고 이혼 위기까지 가게 됐다. 서씨는 화를 참을 수 없어 아내를 살해하고 본인은 자살하였다." 주간동아 (2011.7.4)

이뿐인가? 바람이 난 남편 때문에 속 썩는 아내도 있다. 어느 한 도시의 대기업에 다니고 있는 아내와 도급기관에 근무하고 있는 남편에게 이런 일이 있었다고 한다.

어느 여름날, 아내가 점심 먹으러 집에 들어가니 남편의 서기(비서)가 와 있다. 하늘하늘한 꽃무늬 원피스를 입고 서재에서 남편과 이야기를 나누고 있다. 일 때문이라는 남편의 말 의심할 바 없다. 그러나 이런 일이 반복되자 그제야 의심하게 된 그녀, 그리고 직장의 친한 친구들의 의견을 듣고서야 남편의 외도를 확신하게 되었다. 아내는 가정을 지키고자 당 조직에 남편의 해당(害黨) 사실을 알리게 된다. 남편은 결국 국장이라는 높은 직책에서 해임되었고 부부가 이혼하게 되면서 그 지역 간부들 사이에 '혁명적인 가정', '동지적 부부관계' 형성이 큰 쟁점이 되었다. 이일로 남편의 외도로 인한 사회적 문제가 당분간 사그라들었다고 한다.

평양 맛집 여행

제가 북한에서 유학하며 기억에 남는 평양 맛집을 소개합니다. 저는 평양의 맛집을 찾아다니는 것을 매우 즐겼습니다. 제가 김일성종합대학에서 공부하며 찾아간 식당만 해도 100곳이 넘을 것 같습니다. 저는 주로 유학생 친구들과 함께 평양의 맛집을 여행했는데 보통 음식점 직원들에게 가장 인기 있는 메뉴를 추천받거나 독특한 음식이 있으면 도전하길 주저하지 않았습니다. 이렇게 많은 제가 방문한 수많은 음식점 중에서 맛집으로 기억에 남는 다섯 곳만을 선택해 소개해드리겠습니다.

룡북상점식당

룡북상점식당은 김일성종합대학에서 멀지 않은 대성구역 룡북동에 위치한 식당으로 북한 음식뿐만 아니라 중식과 양식까지 다양한 메뉴가 제공됩니다. 룡북식당은 북한의 대표적인 고기 음식인 갈비구이와 삼겹살 구이 등이 맛있고, 특히 독특한 녹차 냉면이 별미인 식당이다. 중국 유학생들이 인정할 정도로 훠궈(hotpot) 또한 잘 만드는 음식점으로 유명합니다.

▲ 갈비구이   ▲ 녹차 냉면

대성천지상점식당

　　대성천지상점식당은 려명거리에 있는 음식점으로 친구들과 산책을 하다 발견한 곳입니다. 이 곳에서는 북한에서 먹어본 두부 중 최고의 두부를 맛볼 수 있습니다. 천으로 감싼 상자에 담긴 모두부인데 보기와 달리 맛은 말 그대로 천지의 맛입니다. 상자 안의 두부는 부드럽고 따뜻하며, 적당히 촉촉해 입안 가득 풍미를 맛볼 수 있습니다. 이 곳에서는 커리 파스타와 건강식인 약닭밥, 즉 한국의 닭백숙과 유사하지만 국물이 없는 요리가 별미이다.

▲ 모두부　　　　　　　　　▲ 약닭밥

만수대식당

　　만수대식당은 만수대 언덕 바로 앞에 위치해 있습니다. 이 곳에서는 꽃게 매운볶음과 삼겹살, 그리고 야채볶음 토핑이 들어간 중국식 꽃빵을 추천받아 먹었습니다. 특히 꽃게 매운볶음이 매콤하면서 꽃게 살과 양념이 잘 버무려져 침샘을 자극했습니다. 만수대식당은 다른 식당보다 비싼 편으로 1인당 15~20달러 정도 비용이 들었습니다.

▲ 꽃게 매운볶음

▲ 삼겹살

료리축전장 패스트푸드점

　　이 곳은 전국김치전시회 등 요리전시회가 종종 열리는 곳으로 1층
에 값싸고 맛있는 북한식 패스트푸드점이 위치해 있습니다. 패스트푸드
점은 카페테리아 스타일로 여러 가지 패스트푸드 중에 자신이 먹고 싶
은 요리를 담아 테이블로 가져가 먹으면 됩니다. 특히 돼지고기햄버거
와 양고기완자꼬치가 인기로 맥주와 함께 먹으면 정말 맛있습니다.

　　이 패스트푸드점은 북한 주민들로 늘 북적이는 맛집입니다.

▲ 카페테리아 스타일　　　　　　▲ 돼지고기 햄버거

은정종합봉사소 외국료리식당

　　은정종합봉사소는 만수대식
당 건너편에 위치해 있습니다. 이
봉사소 내부에 고급 퓨전요리를
맛볼 수 있는 외국요리식당이 있
습니다. 제가 처음 이곳을 방문했
을 때 레몬 소스를 곁들인 연어를
맛보았는데 정말 맛있었습니다. 한
국과는 조금 다른 갈비탕도 맛있
었는데 국물이 더 걸쭉하고 진한
것이 특징입니다. 그런데 이 식당

▲ 갈비탕

▲ 치즈볶음밥

에서 가장 놀라운 음식은 바로 치즈볶음밥이었습니다. 보기에는 간단한 요리 같았지만 파미산 치즈의 고소한 맛이 일품이었습니다.

한 곳을 더 추가 한다면?

제가 가장 많이 이용한 곳, 김일성종합대학 유학생 기숙사 2층에 있는 학생 식당의 요리들을 소개하고 싶습니다.

▲ 닭고기온반   ▲ 김치지지개

김일성종합대학 유학생 기숙사 식당에서는 1달러에서 2달러 정도면 어떤 메뉴도 주문할 수 있습니다. 닭고기온반, 김치지지개, 그리고 한국의 된장국인 토장국이 기숙사 식당에서 맛볼 수 있는 추천 메뉴입니다.

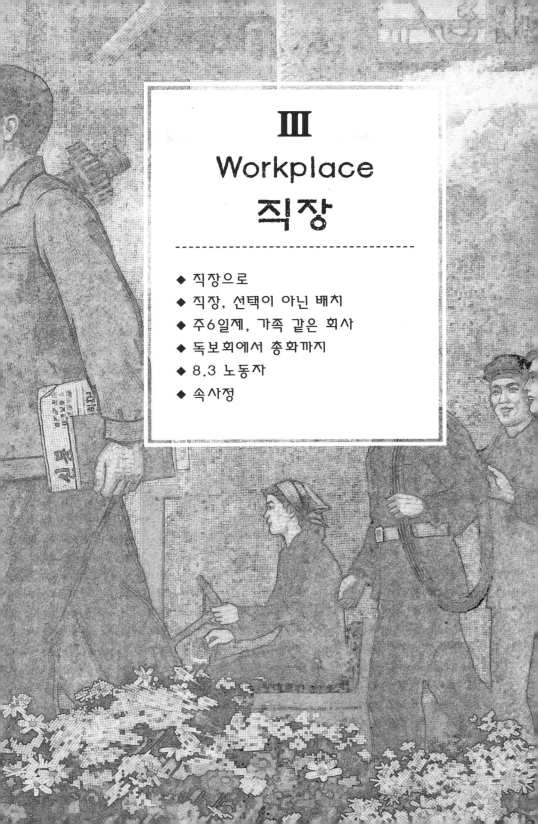

III
Workplace
직장

직장으로

좋은 대학을 가기 위한 치열한 입시, 중·고교 시절부터 세워야 한다는 진로 계획, 공무원 열풍, 중소기업 기피 현상…. 현재 한국에서 일어나고 있는 이 모든 것들은 '좋은 직장'을 얻기 위한 것이라 해도 과언이 아니다.

▲ 다양한 직업군의 북한 주민들이 표현된 벽화 ⓒAlek Sigley

북한 주민들도 조금 더 좋은 직장에 가길 원한다.
직장이 주는 삶의 의미도 매우 크다.
그러나 북한 주민들은 우리와는 조금 다른 현실에서
직장을 마주하게 된다.
가고 싶은 기업이나 기관에 이력서를 넣는 한국 청년들과 달리
북한 청년들은 국가에서 정해준 직장으로 출근해야 한다.

한국은 90년대 IMF 시절 많은 기업이 문을 닫았고 노동자들이 정리해고 위기를 맞았다. 그러나 북한은 국가에서 기업을 운영하기 때문에 경제난 시기에도 공장과 기업소가 폐업하는 일은 없었다. 운영이 제대로 되지 않거나 월급을 받지 못해도 노동자들은 출근했다. 사실 퇴사도 쉽지 않다.

이런 차이는 왜 발생하는 걸까? 많은 이유가 있겠지만 가장 큰 것은 노동의 의미가 다르기 때문이다. 한국에서 노동자는 자신의 노동을 팔고 그 대가로 임금을 받는다. 직장을 구하면 기본적으로 하는 일이 '근로 계약서' 작성이다. 그러나 북한에서 노동은 사고파는 것이 아니다. 자본가가 없는 북한에서 주민들은 사회 전체를 위해 '사회주의 노동'을 할 뿐이다. 그리고 국가는 그 노동에 따라 생산물을 '분배'한다. 따라서 한국의 노동 개념은 북한에서 통하지 않는다.

"(개성공단 북측 근로자들은) 본인들이 일을 함으로써 임금(북측에서는 '생활비'라고 한다)을 받아 생활한다는 기본관념은 거의 없다. 그들은 국가적 조치에 의해서 직장에 파견, 소임(그들은 '분공'이라고 한다)을 받아 일하러 온 것이다. 즉 노동의 대가로 임금을 받는 것이 아니라 국가가 맡긴 사회적 소임을 하고 그에 따라 자신의 생활비를 국가가 책임져준다고 생각한다."

"북측 근로자들은 기업−근로자 관계를 '고용−피고용' 관계로 설명하는 것에 당혹해한다. 사회주의 체제에는 돈으로 사람의 노동력을 산다는 고용 개념이 없기 때문이다. … '임금을 주고 노동을 산다'는 자본주의 개념은 북측에서는 '돈으로 사람을 산다'는 불쾌한 개념으로 받아들여진다. 우리 기업주들이 '임금을 주고 내가 고용한 사람'으로 북측 근로자들을 인식, 간주하면 반드시 갈등관계에 빠진다."

김진향 외, 『개성공단 사람들』(2015)

　노동의 개념이 다르니 직장을 둘러싼 일상생활에서도 차이가 날 수밖에 없다. 그렇다면 사회주의 노동의 관념을 가지고 살아가는 북한 주민들은 직장에서 어떤 모습으로 일상을 보낼까? 북한 주민에게 직장은 어떤 곳일까? 이 물음에 답하기 위해 북한 직장으로 탐험을 떠나보자.

직장, 선택이 아닌 배치

　북한 헌법(2019.8) 제70조는 "로동능력있는 모든 공민은 희망과 재능에 따라 직업을 선택하며 안정된 일자리와 로동조건을 보장받는다"고 규정하고 있다. 그러나 현실에서 개인의 희망과 재능은 별 소용이 없다. 북한에서 직업 결정에 영향을 미치는 가장 큰 요인은 '출신성분(토대)'이다. 토대가 좋지 않으면 아무리 공부를 잘해도 대학 진학이 어려울 수 있고, 실력이 있어도 좋은 직장에 들어갈 수 없으며 승진도 어렵다.

북한이탈주민 ○○○은 아버지가 의용군 출신이었음에도 불구하고 자신의 형제 중 오빠 6명은 군사복무 후 입당을 할 수 있었는데, 행정일군은 할 수 있었으나 정치일군은 할 수 없었다고 한다. 토대가 나쁘면 정치일군은 어려워도 3급 기업소, 4급 기업소의 행정일군은 가능하다. 가족 중 월남자가 있는 경우 행정 간부는 될 수 있으나 당 간부는 될 수 없다. 그러나 가족 중 탈북자가 있는 경우에 아예 간부가 될 수 없으며, 군대 입대 또한 원칙적으로 불가능하다.

당 조직이나 국가보위성, 인민보안성 등의 권력기관에 간부로 등용되기 위해서는 성분 및 계층이 매우 중요하다. … 돈(뇌물)을 통해 입당이 어느 정도 가능하지만 당 간부를 비롯한 정치 간부 등용에 있어서는 토대가 여전히 중요한 기준으로 작용하고 있다. 다만, 초급간부나 행정일군은 상대적으로 토대의 중요성이 덜 강조되고 있다.

통일연구원, 『북한인권백서』(2019)

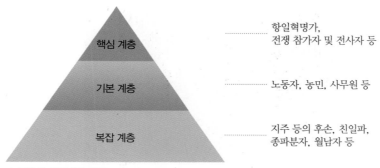

항일혁명가,
전쟁 참가자 및 전사자 등

노동자, 농민, 사무원 등

지주 등의 후손, 친일파,
종파분자, 월남자 등

▲ 북한의 사회계층 구조

'출신 성분'이란 무엇이기에 이렇게 한 사람의 인생에 많은 영향을 미치는 것일까? 북한은 해방 이후 여러 차례에 걸쳐 주민등록사업을 실시하고 주민들의 성분, 계층을 구분하였다. 북한은 가족 및 친척의 출신 지역과 직업 등 가족적 배경, 출생 당시의 경제 조건, 본인의 사회정치적 생활, 정치적 충성심 등을 기초로 성분을 규정하고 있다.

이렇게 부여된 성분은 계층을 판단하는 기초자료가 된다. 결과적으로 태어난 환경이 받쳐주지 않거나, 일가친척 중 누군가 성분에 문제가 있다면 좋은 계층이 될 수 없다. 문제는 이렇게 규정된 성분을 기준으로 직장을 포함한 많은 부분에서 차별을 받는다는 점이다. 성분의 분류와 계층적 차별 등이 법률로 정해진 것은 아니지만, 북한 주민들은 누구나 토대라는 것이 사회 전반에 작용하고 있다는 것을 인식하고 있다.

그렇다면 같은 출신성분을 가진 사람들은 제한적이나마 직장을 선택할 수 있는 걸까? 그것도 아니다. 북한은 국가에서 직장을 지정해주기 때문이다. 가고 싶은 지역이나 회사가 있어도 각 부문의 수요에 맞게 중앙에서 직장을 배치한다. 즉, 북한에서 구직자는 조선노동당과 행정기관의 국가계획에 따라 성분이라는 토대에 맞게 '직장 배치'를 받게 된다.

▲ 공장에서 선반작업을 하는 여성근로자 ⓒ〈연합〉

물론, 직장 배치 시 학력, 업무 능력, 근무평점 등이 판단의 기준이 되기도 한다. 그러나 이는 부차적인 것에 지나지 않는다. 학력을 예를 들어보자. 기본계층이나 복잡계층은 일단 진학 자체에 제약을 받는다. 그러니 이들이 좋은 학력을 가지고 지위나 보수 등 조건이 좋은 직업이나 직장에 진출한다는 것은 사실상 어렵다.

한국에서는 직장 선택과 이직의 자유가 보장된다.
첫 직장이 적성에 맞지 않으면 이직을 하거나
잠시 휴식의 시간을 갖기도 한다.
그러나 북한에서는 한 번 직장에 배치되면

원칙적으로 정년까지 근무하게 된다.

직장 이동은 국가의 계획에 따라 제한적으로 이루어진다.

내가 다른 직장으로 가고 싶어도

그 직장에 빈자리가 생기지 않으면,

혹여 빈 자리가 생긴다 해도 중앙에서 배치하지 않으면

내가 원하는 곳으로의 이직은 불가능하다.

직장이 마음에 들지 않는다고 출근하지 않으면 처벌을 받는다.

직장 생활은 배급 등 여러 사회적 혜택의 근거가 되므로

직장에 나가지 않으면 생활을 꾸려나가기 힘들다.

북한 주민들이 자신의 실력이나 의지와 상관없이 직장을 배치받지만 선호하는 직업은 늘 존재했다. 좀 더 편안하고 좋은 직장으로 가고 싶은 마음은 모두 똑같은 것이다. 최근에는 뇌물을 써 조금 더 편안한 곳으로 직장을 옮기거나, 출근 도장만 찍고 다른 경제활동을 하는 현상도 나타나고 있다.

그렇다면 북한 주민들은 어떤 직업을 선호할까? 시대에 따라 선호 직업도 변하고 있다. 예전에는 당과 정권을 위해 일하는 직업이 인기였지만 최근에는 돈을 많이 벌 수 있는 직업도 선호한다. 따라서 직업 군인, 경찰, 보위부(현재 국가보위성, 우리나라의 국가정보원과 비슷) 직원뿐만 아니라 외교관, 무역종사자가 선망의 직업이 되었다.

준영: "고등중학교를 졸업하고 직장에 갈 때 상업적인 작업장에 배치되는 걸 좋아해요. '식료품 공장'은 인기 있는 곳이죠. 이곳에 취업하면 먹을 것을 얻기 쉽거든요. 예를 들어 된장을 만드는 공장이라면 재료로 사용하는 소금이나 콩 같은 것을 조금씩 떼주기도 하죠."

민수: "북한에서는 어릴 때부터 '보위원'이나 '안전원'을 꿈꾸는 친구들이 많았어요. 남한의 '검찰'과 같은데, 사회적으로 권위를 인정받는 직업이죠. 주민들도 이들을 우러러봐요. 보위원이나 안전원들이 순찰을 돌면 주민들이 '고양이'나 '금수강산' 같은 담배를 챙겨주기도 하고. 하하."

▲ 북한 청년들이 생각하는 좋은 일자리(한국일보, 2014.12.26)

최근 북한 주민들에게 새롭게 인기를 얻고 있는 직업으로는 택시기사, 버스 운전기사, 요리사 등이 있다. 이들의 공통점은 바로 부수입 창출이 가능하거나 외화벌이가 가능한 직업이라는 점이다. 도대체 얼마나 벌기에 이 직업들이 선호 직업이 된 것일까?

예를 들어보자. 데일리NK 기사에 따르면, 북한 택시기사의 하루 평균 수입은 사납금을 내고도 약 50~100달러라고 한다. 월 100달러면 북한에서 중류층 정도의 소득이다. 또한 북한 내에서 외화를 벌 수 있기도 하다. 그러니 사람들이 택시기사를 하려고 할 수밖에!

선호하는 직업만큼 기피하는 직업도 있다. 광부, 농민 등이 대표적인 예이다. 탄광과 농촌에서 일하는 것이 고되고 힘들기 때문이다. 그러나 더욱 결정적인 이유는 부모와 자식 간에 대물림될 가능성이 큰 직업이기 때문이다. 특히 농민은 더 그렇다. 따라서 농민과의 결혼을 기피하는 분위기이다.

▲ 최근에 택시 등 운수업이 인기를 끌고 있다. ⓒ〈통일TV〉 진천규

주6일제, 가족 같은 회사

주 5일, 하루 8시간 근무가 기본인 한국, 그럼 북한은 어떨까?

북한은 1946년부터 법적으로 '하루 8시간 노동제'를 실시해 왔다. 이는 8시간 노동-8시간 휴식-8시간 학습의 배합원칙에 따른 것이기도 하다. 노동시간은 8시간이 기본이지만, 작업 강도나 업무의 특수성에 따라 노동시간이 조정되기도 한다. 임산부 혹은 아이를 돌봐야 하는 여성, 연로자, 사회보장자, 장애인들은 노동시간이 더 줄어든다.

북한의 노동자들은 주 6일 근무한다. 보통의 사무원과 노동자들은 월-금은 업무를 수행하고, 토요일은 생활총화, 사상학습 등 정치학습을 진행한다. 이렇게 보면 토요일은 일하지 않는 것 같지만 북한에서는 정치학습도 직장 생활의 일부로 간주한다. 협동농장의 농장원들은 10일에 한 번씩 쉬기에 1일, 11일, 21일이 농장원의 휴식일이다. 북한의 '조선중앙텔레비죤'은 평소 오후 3시 방송을 시작하는데, 이날만큼은 아침 9시경부터 방송을 한다.

더울 때 시원한 곳에서 일하고, 추울 때 따뜻한 곳에서 일하는 것. 기본적이지만 모두가 그리는 업무 환경이다. 그러나 북한의 직장 환경은 그리 좋지 않다. 중앙기관, 간부시설 등을 제외하면 냉난방 시설이 없는 직장이 많다. 그러다 보니 여름에 더위를 피해 땅굴 같은 곳을 들락날락하며 일하기도 한다.

직장의 청소도 보통 직장 소속원들의 몫이다.
직장을 정돈하는 데 중요한 것 중 하나는 '초상화 정성사업'이다.
북한 지도자의 초상화를 정성스럽게 관리하는 것이다.
초상화 관리가 충성심을 확인할 수 있는 증표가 될 수 있기에,
노동당에 입당하고 싶은 근로자들이
제일 먼저 출근해 초상화를 닦곤 한다.

한국에서는 요즘 '가족 같은 회사'는 일단 제외하는 것이 구직 트렌드
다. 동료나 직장 상사와의 관계가 가족 같다면 상대적으로 개인의 영역

▲ 아침 율동을 하며 선전전을 펼치는 선전대 ⓒ<Shutterstock>

을 침해할 수 있기 때문이다. 업무의 구분도 책임의 소지도 명확하지 않아 피곤하다고 느낀다. 어쩌면 '진짜' 가족 같은 회사 분위기는 북한에서 찾을 수 있을 것 같다. 일단 사원, 대리, 과장부터 이사, 전무, 사장까지 수많은 직급체계가 있는 한국과 달리, 북한은 모두 그냥 같은 노동자이다. 그래서 '대리님', '과장님' 같은 호칭보다는 '철수 동무', '영희 동무'라는 호칭으로 서로를 부른다. 나이가 비슷하거나 많으면 '형', '언니'라고 부르기도 하고 그냥 친근하게 이름을 부르기도 한다.

북한의 집단주의 문화는
직장 분위기를 더욱 가족 같이 만드는 요소다.
한국은 경쟁적으로 성과를 도출해야 하고
개인의 근무 평가가 급여와 승진에 영향을 미친다.
기본급보다 각종 수당이 월급을 좌우하기도 한다.
하지만 북한은 개인이 잘하는 것보다
집단 전체의 평가가 중요하기에
서로서로 돕고 지내야 한다.
듣기 싫은 소리도 비교적 솔직하게 말 할 수 있는 것이
가족을 표현하는 특징 중 하나라면,
북한 주민들은 '호상비판'을 통해
직장의 문제들을 밖으로 드러낸다.
직장에서 가장 무서운 '뒷담화'가
앞에서 시원하게 해결되는 것이다.

충분한 보상이 주어진다면 직장인들은 힘든 일도 어느 정도 용납할 수

있다. 그렇다면 북한의 임금은 어느 정도 될까? 북한에서 월급은 '생활비'라고 한다. 북한에서는 원칙적으로 경노동보다는 중노동이, 예를 들어 탄광에서 일하는 사람이 더 많은 돈과 배급을 받는다. 또한, 동일직종이라도 학력, 숙련도에 따라 임금이 달라지기도 한다.

　모두 같은 금액을 받을 것 같은 북한 노동자들의 임금이 서로 다르다니 노동자별로 생활 수준에 차이가 있을까? 북한은 임금보다는 배급이나 무상의료 같은 국가적 혜택이 생활에 더 많은 영향을 미치기 때문에 임금이 큰 의미가 없었다. 그러나 1990년대 경제난 이후에는 배급제가 무너지면서 국정가격과 시장가격에 차이가 발생하게 되었고, 결국 직장 월급보다 시장에서 벌어들이는 수입이 더 많아지면서 개인 소득의 격차가 커지고 있다.

독보회에서 총화까지

AM 07:00 출근길

북한에서 직장인의 하루는 대략 출근 – 독보회 – 오전작업 – 점심시간 – 오후작업 – 총화 – 퇴근으로 이루어진다. 최근 한국에는 유연근무제가 도입되었지만, 대부분의 직장은 9시 출근, 6시 퇴근이 일반적이다. 북한은 8시에 근무를 시작하고 5시에 끝난다.

한국인의 출근길에 BMW(Bus, Metro, Walk)가 있다면,
북한에는 '11호차'가 있다.
11호차는 두 다리로 걸어 다닌다고 해서 붙여진 이름이다.
북한 주민들은 대부분 걸어서 출근한다.
직장이 조금 멀리 있으면 자전거를 이용하고,
평양 등 대도시에서는 지하철, 버스, 무궤도 전차와 같은
대중교통을 이용하기도 한다.
최근에는 '써비차'가 주민들의 출퇴근 수단으로 이용되기도 한다.
'서비스차'라는 뜻의 써비차는
국가가 아닌 개인이 운영하는 차량이다.
대중교통보다는 비싸지만 자유롭게 이용할 수 있어 편리하다.

▲ 출근길 버스를 기다리고 있는 북한 주민들 ⓒ〈통일TV〉 진천규

AM 08:00 독보회 후 오전 근무 시작

한국의 출근 확인 방법은 출근 카드, 지문 인식, 컴퓨터 로그인 등으로 다양하지만 북한은 보통 출근부 작성을 통해 출근 확인을 한다. 출근부 작성은 서명 혹은 도장을 찍어 출근을 확인하는 것인데, 지각하는 동료가 있으면 대신해주기도 한다. 어디나 사람 사는 곳은 비슷한 것 같다.

출근 후 본격적인 업무에 들어가기 전 '독보회'를 약 30분간 진행한다. 우리의 조회와 비슷하긴 하지만 목적이 다르다. 독보회는 노동신문 등 교양자료를 읽으며 당의 정책이나 지침을 익히는 시간이다. 요즘에는 독보회를 하지 않는 곳도 많다고 하지만 없어진 것은 아니다. 이렇게 독보회까지 끝나면 오전 업무가 시작된다.

PM 12:00 도시락으로 해결하는 점심

점심시간은 우리와 같이 12시부터 시작한다. 직장 내 식당이 있는 경우도 있지만 대부분 도시락을 싸 오거나 집에 가서 점심을 해결한다. 한국의 직장인들은 다이어트를 위해 점심시간을 쪼개 간단한 식사 후 산책이나 운동을 하기도 하는데, 북한의 직장인들은 집으로 점심을 먹으러 다니는 것만으로도 운동이 된다.

PM 01:00 오후 작업과 작업 총화

오후 작업이 끝나면 '작업 총화'가 기다리고 있다. 작업 총화는 일종의 사업평가라고 할 수 있다. 사업을 진행한 과정, 어떤 정신과 목표로 수행하였는지, 결과가 어떤지 등을 이야기한다. 그리고 일주일에 한 번은 생활총화를 한다. 북한에서 생활총화는 서로 칭찬, 격려, 비판을 통해 개인주의와 관료주의를 배격하고 공산주의적 인간형의 품성을 함양하기 위한 것으로, 어릴 때부터 일상적으로 반복된다. '자아비판', '호상(상호) 비판' 등을 이 총화에서 진행한다.

PM 05:00 퇴근 & 전투?

매일 정시 퇴근이 목표인 우리의 삶처럼 북한의 근무시간도 정확히 지켜지지는 않는다. 특히, 한국 노동자에게 야근과 특근이 기다리고 있다면, 북한 노동자에겐 '전투'가 기다리고 있다. 국가적으로 진행되는 '노력 동원'인 전투가 시작되면 출퇴근 시간은 거의 무의미해진다. '50일 전투', '100일 전투', '200일 전투'부터 '김장 전투', '모내기 전투', '풀베기 전투' 등 온갖 전투가 날을 이어 진행되니 북한 노동자들은 1년 내내 전투 지옥에 갇혀있는 듯 보인다. 또한, 북한 주민들이 근무시간 외 노동을 한다고 해서 야근 수당이 나오는 것도 아니다. 북쪽이나 남쪽이나 직장생활이 녹록지 않은 건 비슷한 것 같다.

8.3 노동자

생각해보자. 모두가 국가에서 배치한 직장에 다닌다면, 북한 시장에서 물건을 팔고 있는 사람들은 어디서 온 사람들일까? 북한 시장 상인 중 주요 형태로는 '8.3 노동자'가 있다. 대표적인 직장 이탈자들이다.

그런데 왜 '8.3 노동자'일까? 먼저 '8.3'의 의미를 알아야 한다. '8.3'의 유래는 1984년 시작된 '8.3 인민소비품 생산운동'에서 시작됐다. 1984년 8월 3일 경공업 제품 전시장을 둘러보던 김정일 위원장은 주민들의 생활용품 부족을 타개하기 위한 소비재 생산장려운동을 제기하였다. 그런데 이 물건들을 국가 계획에 맞게 공장에서 생산하는 것이 아니라, 공장에서 생산하고 남은 부자재나 자투리를 활용해 부녀자 등으로 구성된 '가내 작업반' 등에서 만들도록 했다. 예를 들어 이불 공장에서 이불을 만들고 남는 원단을 가내 작업반에 가져와 의류를 만드는 식이다. 즉, 국가 계획에 없는 노동력으로 국가계획에 없는 자재를 만들게 한 것이다.

여기서 유래된 '8.3'은 비공식적인 행위를 나타내는 단어이다. 현재 북한에서는 '8.3'을 비공식, 불법, 가짜 등의 의미로 사용하고 있으며, 여러 개념에 '8.3'이라는 수식어를 붙이기도 한다. 예를 들어, '8.3 부부'는 가짜 부부라는 뜻으로 불륜 등의 관계를 표현하는 속어이며, '8.3 동무'는 무능한 관료를 나타낸다.

이에 비춰보면 8.3 노동자는 '비공식 노동을 하는 사람'으로 볼 수 있다. 북한에서 '비공식'이 많아진 이유는 1990년대 중반 경제난과 맞물려 있다. 경제위기 상황에서 직장에 나가도 월급과 배급이 나오지 않자 주민들은 생계를 위해 이곳저곳에서 몰래 일을 하기 시작했다. 직장을 그만둘 수도 없고, 그렇다고 기업이 문을 닫지도 않으니 소속은 원래 직장에 두고 다른 곳에서 일하는 사람들이 생겨난 것이다.

처음에는 먹고 살기 위해 장사를 했지만,
이제는 장사에서 수입이 더 많이 생기니
직장에 일정 금액을 내고 장사를 계속 이어 나간다.
이때 내는 돈을 '8.3 돈'이라고 부른다.
이렇게 출근하지 않고 개인 경제 활동을 하는 사람들이
바로 '8.3 노동자'이다.

8.3 노동자를 투잡(Two Job)으로 이해할 수도 있지만, 두 가지 일을 모두 하는 것이 아닌 공식적으론 회사에 이름을 걸어두고 다른 직업을 가진 사람들이라는 점에서 차이가 있다. 또한, 이런 현상의 이면에는 사회주의 체제의 특징이 내재하고 있다. 취업과 퇴직을 자유롭게 할 수 없고, 직장에서 이탈하면 배급이나 각종 사회적 서비스에 접근할 수 없기

때문에 형식만 공식인 현상이 나타나는 것이다. 그러니 8.3 노동자의 존재 자체가 북한사회의 특징을 보여주는 한 상징이라 하겠다.

속사정

앞서 살펴보았듯이 북한의 직장 모습은 우리와 사뭇 다르지만, 분명 비슷한 점도 있었다. 북한은 경제난 이후 가속된 시장화에 따라 하루가 다르게 변화하고 있다. 이에 '사회주의적' 직장의 일상도 변화하고 있다. 여기서는 북한의 직장 안에서는 드러나지 않는 북한의 '노동시장'과 '실업'에 대해 살펴보려고 한다.

▲ 신문을 보고 있는 북한 주민들 ⓒAlek Sigley

글의 처음에 밝혔듯이 북한에서는 노동을 상품으로 보지 않는다. 그런데 노동시장이란 노동력의 상품화를 전제하는 것이니 북한의 노동시장에 관해 이야기하는 것 자체가 참 아이러니한 일이다. 그러나 2000년대 이후 북한에서는 아주 초보적이지만 노동시장이라고 보일 수 있는 공간과 현상들이 나타나고 있다. 한편, 북한에서는 공식적으로 실업이 존재하지 않는다. 노동은 권리이자 의무이기 때문이다. 하지만 최근 북한에는 고용은 되어 있지만, 실제 노동 여부를 따져보면 의문스러운 현상들이 나타나고 있다.

좀 더 자세히 살펴보자.
1990년대 경제난 이후 북한에는
멈춰선 직장에 출근하는 노동자들이 나타났다.
이들은 임금도 배급도 받지 못했지만
직장에 출근했고 일을 했다.
또한, 직장에 제대로 출근하지 않는 사람들도 나타났다.
앞서 살펴본 8.3 노동자가 대표적이다.
이들은 서류상으로는 직장에 다니지만 실제로는 일을 하지 않았다.

대신 이들은 다른 일을 한다. '다른 일'이란 시장에서 장사하는 것도 있지만, 어느 건설 현장에서 사람이 필요하다거나 누군가가 부업을 부탁해 일하는 것일 수도 있다. 어느 음식점에서 사람이 필요하다고 할 수도 있고, 운전할 수 있는 사람을 찾을 수도 있다. 여기서 말한 건설 현장, 음식점에서 노동을 필요로 하는 주체는 국가가 아니다. 개인이 필요에 따라 사람을 고용하는 사적 고용에 가깝다.

또한, 자산가라 할 수 있는 '돈주'가 국가의 명의를 빌려 국영기업인 것처럼 사업을 하면서 노동자를 고용하기도 한다. 더 나아가 국영기업 소속이었던 노동자를 고용 승계하는 조건으로 활동하기도 한다. 이처럼 최근 북한에서는 아주 초보적이지만 노동시장이 형성되고 이를 활용하는 현상이 발생하고 있다. 그러나 현재 이러한 고용 행태를 포함한 북한 경제 현상이 어디까지가 공적인 영역이고, 어디까지가 사적인 영역인지 구분하기는 쉽지 않다.

분명한 것은 직장에 출근해 임금을 받는 것보다 사적인 노동시장에서 일하는 것이 또는 시장에 나가 장사를 하는 것이 더 많은 이득을 얻는다는 것이다. 한편, 이러한 변화 속에서도 북한 당국은 사회주의 체제를 강화하고자 한다. 이런 상황에서 앞으로 북한 직장은 어떻게 변할까?

IV

School

학교

학교로

학교라는 단어는 늘 마음을 설레게 한다. 우리 가슴 한편에 학교가 따뜻한 향수를 자아내는 공간으로 자리 잡고 있기 때문일까? 학교는 교육의 관점에서뿐만 아니라 개인의 삶에서도 중요한 공간이다. 북한이라는 국가가 추구하는 교육을 통해, 그리고 교실에서 일어나는 소소한 일들을 통해 우리는 북한 사람들의 삶과 북한 사회를 엿볼 수 있다.

북한의 사회주의 정권은 학교라는 공간을 통해 북한식 인민, '주체형의 사회주의 인간'을 만들고자 한다. 여기서는 북한에서 가장 중요한 공간 중 하나인 학교를 통해 북한의 교육 문화를 살펴보자.

21세기에 들어서며 전 세계는 하나로 연결된 지구촌 시대에 접어들었다. 정보화와 세계화 시대에 국가 경쟁은 더욱 치열해졌고 교육은 국가 경쟁력을 강화하는데 중요한 역할을 담당하게 되었다. 냉전의 해체와 함께 북한은 국제사회로부터 고립되어 점점 암흑상자로 숨어드는 듯 했다. 그러나 1990년대 경제위기는 시장화를 진전시켰고 제한적이나마 정보의 유통을 가능케 했다. 이제 북한을 예전의 모습으로 상상할 수 없는 이유이다. 변하지 않을 것만 같았던 북한이 변하고 있다.

북한은 세계화 시대에 발맞추기 위해 그동안 등한시했던 영어교육을 학교에서 제2외국어로 가르치기 시작했다. 또한 정보화 시대에 뒤처지지 않기 위해 컴퓨터 교육과 이과 분야의 교육을 확대하고 있다. 과학 기

▲ 오늘은 친구들과 소풍가는 날 ⓒ<Shutterstock>

술분야의 인재가 국가 발전에 크게 기여한다고 판단한 것이다.

김정은 정권 이후 실시된 학제 개편도 세계화 시대를 동행하기 위한 노력의 일환이다. 초등교육을 기존 4년제에서 5년제로 바꾸며 12년제 의무교육제로 확대하였고, '인민학교'라는 명칭을 '소학교'로 개편하는 등 변화를 추진하고 있다. 이처럼 북한이 시대의 변화에 비교적 예민하게 반응하고 있는 분야가 교육이다.

북한 체제에서 교육이 가지는 영향력은 막대하다. 북한은 해방 직후부터 교육의 중요성을 인지하고 관심을 기울여 왔다. 북한은 한국전쟁으로 황폐화된 국가를 재건하는 과정에서 경제 건설에 필요한 전문 인력을 양성하고, 체제 유지를 위한 북한형 엘리트 교육에 힘써왔다. 그러나 북한 당국의 일방적인 교육정책과 사회의 다양성을 획일적으로 규제하는 성분정책으로 주민들의 교육열은 식어 갔다.

흔히들 북한을 이야기할 때, 변화의 기점을 '고난의 행군' 시기로 지적한다. '고난의 행군'은 시장화라는 변화를 가져왔고, 시장화는 사회규범과 주민의 의식, 그리고 정부의 정책을 변화시키는 원인이 되었다. 교육분야에서 가장 대표적인 정책 변화는 성분정책을 완화하고 과학기술교육을 강조한 것이다. 특히 과학기술인재를 양성하기 위해 고등교육을 확대해 나갔다.

북한에서 시장의 확산은 주민들 사이의 빈부격차를 점차 확대시켰고 교육을 통해 사회계층의 변화가 가능하다는 인식이 자리잡게 되었다. 북한 주민들의 전적으로 당국에 의지하던 태도가, 스스로 환경을 극복하고 더 잘 살기 위한 욕망으로 표출되기 시작한 것이다. 교육은 그렇게 표출된 욕망 가운데 하나라 할 수 있다.

북한의 부모들도 한국과 다르지 않다.
대학 진학을 통해 신분을 상승시킬 수 있다는 기대감으로
자녀 교육을 위한 경쟁이 치열해지고 있다.
특히나 자녀의 명문대 입학을 위한 가장 빠른 방법인
영재학교 진학에 힘쓰고 있다.
결국 북한의 학생들도 한국과 마찬가지로
어린 나이부터 부모의 '사랑'과 '지원' 아래
'사회주의적' 입시경쟁에 뛰어든 것이다.

신분 상승을 위한 북한 부모들의 교육열은 북한 사회에 유례가 없는 치맛바람과 사교육 확산을 가져왔고 그에 따른 부정부패 등의 사회적 문제를 야기하고 있다. 이제 북한 사회에서 사교육은 공공연한 비밀이 되어버렸다는 북한 출신 주민들의 증언을 심심찮게 들을 수 있다. 공교육 중심의 북한 교육이 사적인 영역으로까지 확대된 것이다.

지금까지 살펴본 바와 같이 북한 사회의 변화는 학교 교육의 변화와 맞닿아 있다. 아니 학교를 통해 북한 사회의 변화를 먼저 확인할 수 있을지 모른다. 교육을 일컬어 백년지대계라고 하듯, 한 국가의 현재와 미래에 있어 교육은 매우 중요한 역할을 담당하고 있다. 이제 북한의 교육현장, 학교에서 무슨 일이 일어나고 있는지 알아보도록 하자.

수영이의 하루

　북한 학생의 하루는 교실에서의 생활이 대부분을 차지한다. 학생이면 당연한 얘기지만 북한에서 교실은 공간 그 이상의 의미를 지닌다. 여기서는 초급중학교 1학년 수영이가 어떻게 하루를 보내는지 알아보자.

"학교 다녀오겠습니다."

　집을 나서며 옷매무새를 살펴본다. 소년단 넥타이(빨간 스카프)는 주름 지지 않고 깔끔한지, 소년단 휘장(뱃지)은 잊지 않았는지, 치마에 주름은 잘 잡혔는지 확인을 하고서야 수영의 맘이 편안해진다. 등교하는 수영이의 손에는 작은 가방이 하나 더 들려있다. 점심도시락이다.

　학교까지는 걸어서 약 20분 거리.
　그런데 수영이는 곧장 학교로 가지 않고
　등굣길에 있는 한 유치원 앞으로 향한다.
　반 친구들과 함께 모이기로 했기 때문이다.
　약속했던 시간인 7시 10분!
　반 친구들과 줄을 맞춰 혁명가요를 부르며 학교로 간다.
　북한에서만 볼 수 있는 '집단등교' 모습이다.

최근 들어 집단등교가 없어진 학교도 있다지만
아직도 많은 학교에서 집단등교 하는 모습을 볼 수 있다.

교문 앞에 다다르자 미리 대기하던 규찰대(선도부) 학생들이 수영이네 반 친구들을 빠르게 스캔한다. 넥타이를 안 한 친구는 없는지, 옷차림은 단정한지 살펴보는 것이다. 오늘은 수영이네 반 친구들 중 아무도 지목당하지 않았다.

등교 시간인 7시 30분에 맞춰 교실에 들어온 수영이가 자리를 정리하고 앉자 담임선생님이 맞이한다. 선생님과 학생들이 간단히 인사를 하고 선생님이 반장을 부른다. 〈독보회〉 시간이다.

보통 지도자에 대한 위대성이나 업적을 다룬 사설 등이 〈독보회〉에서 읽는 내용이다. 반장이 앞에서 읽고 학생들은 조용히 듣는다. 옆에서는 선생님이 서서 학생들의 모습을 지켜보고 있다. 엄숙한 분위기의 독보시간, 수영이에겐 매일 반복되는 일과이다. 그렇게 45분의 독보시간이 끝나고 쉬는 시간을 알리는 종소리가 울린다.

수업은 국어, 수학, 영어, 과학 등이 주요 과목으로 한국과 비슷하다. 하지만 이보다 더 중요한 교과목이 있는데 바로 지도자의 위대성을 찬양하는 〈혁명활동〉, 〈혁명력사〉교과가 바로 그것. 소학교에 다닐 때는 지도자의 이름 별로 〈어린시절〉이라는 교과목을 배웠는데 중학교로 올라오니 내용은 비슷하지만 이름은 〈혁명활동〉으로 바뀌었다.

▲ 소년단 스카프를 하고 수업을 듣고 있는 소학교 학생들 ⓒ〈통일TV〉 진천규

영어선생님: 오늘 배울 내용 7페이지 펼칩니다.
　　　　　 "School opens in April" 자, 따라 해 볼게요.
　　　　　 "School opens in April"
학생들: School opens in April!

　수영이가 가장 좋아하는 과목은 영어다. 중학교에 입학하면서 새롭게 배우기 시작한 알파벳과 간단한 영어단어가 흥미롭다. 영어 선생님이 유창한 영국식 발음으로 가르치는 모습을 보며 수영이도 영어 선생님이 되고 싶다고 생각한다.

　북한에서 교사는 사회적으로 존중받는 직업이다. 학교에서는 선생님의 말씀이 곧 법이다. 수업 시간에 높은 집중력을 보이는 학생들의 모습을 보면 교사의 권위가 절대적임을 알 수 있다. 이는 학생뿐 아니라 학부모들도 교사의 결정과 판단을 무조건적으로 존중하고 따르는 모습으로 확인할 수 있다.

3교시가 끝나는 종이 울린다. 재빠르게 화장실에 다녀온 수영이는 급히 뛰어서 운동장으로 나간다. 이미 전교생이 운동장에 나와 넓게 줄을 맞춰 서 있다. 곧 방송실에서 음악이 나오자 학생들은 하나같은 동작으로 체조를 한다. 3~4교시 사이에 하는 '업간체조' 시간이다. 이 시간에는 보통 〈소년율동체조〉나 〈건강태권도〉로 수업 시간의 긴장을 풀게 된다.

점심시간이 되자 수영이는 절친한 유진이, 민지와 함께 모여앉아 도시락을 펼친다. 도시락을 준비하지 못하거나 집이 가까운 친구들은 집에 다녀오려 이미 교실 문을 나서고 있다.

수영: 오늘 어머니가 남새(야채)만 싸주셨구나~
민지: 난 아버지가 출장 다녀오시면서 칼파스(소시지) 사 오셨어. 먹어봐.
유진: 나는 가락지빵(도넛)도 가져왔어. 밥 다 먹고 같이 먹자!

즐거운 점심시간이 지나고 오후 수업도 어느새 마지막 교시다. 수영이는 마냥 즐거워야 할 마지막 시간이 영 즐겁지 않다. 방과 후 '농촌 동원'이 있기 때문이다. 어제는 소조(동아리) 활동을 해서 방과 후가 기다려졌는데... 반 친구들은 모두 소조 활동을 한다. 수영이는 음악 소조, 민지와 유진이는 서예 소조다. 음악 소조에서 어제 바이올린을 배웠는데 계속 연습하려면 다음 소조 활동 시간까지 기다려야 한다.

▲ 소년단 스카프를 한 북한의 소학교 학생들 ⓒ<Shutterstock>

수업이 모두 끝난 후, 아이들은 가방을 멘 채로 줄을 맞춰 학교에서 30분 남짓 거리에 있는 옥수수 농장으로 간다. 수영이에게 맡겨진 몫은 두 개 고랑의 옥수수 따기, 모두 따고 나니 이미 일을 끝낸 친구들이 수영이를 기다리고 있다. 수영이까지 일을 모두 마치자 그제야 선생님이 집에 가도 된다고 하신다.

　수영이와 민지는 서로 옆집에 산다. 재잘거리며 걸음을 다그친다. 빨리 가야 5시 20분에 방송되는 아동 영화(애니메이션)의 시작 시간을 맞출 수 있다. 어제 내용 뒤가 궁금해서 오늘 이 시간을 애타게 기다려온 수영이다.

　아동 영화가 끝나자마자 집 밖에서 수영이를 부르는 소리가 난다.

민지: 수영아~ 빨리 나와. 애들 다 모였대~

　급하게 옷을 입고 나가자 마당에 민지와 유진이가 서 있다. 함께 동네 공터에 가니 이미 동네 친구들이 삼삼오오 모여 줄넘기, 군사놀이, 공기놀이 등을 하고 있었다. 먼저 줄넘기를 시작한 친구들이 있는 쪽으로 다가가 수영이와 친구들이 놀이에 합류한다.

　한참을 놀다 보니 날이 어두워지고 집집마다 아이들을 부르는 소리가 들려온다. 수영이도 엄마의 부름에 아쉬움을 뒤로하고 집으로 간다.

　저녁상을 마주하고 수영이가 엄마, 아빠에게 고민을 털어놓는다.

수영: 내일 생활총화 시간에 어쩌지?
엄마: 자기비판 때문에 그러지? 이번 주 수업 잘 들었니?

수영: 응 자기비판도 그렇고... 호상비판도 이번 주에는 할게 없는데...

내일은 토요일, 오전만 있는 수업이 끝나고 매주 한 번씩 하는 〈생활총화〉 시간이 있다. 생활총화는 학생들 스스로 한 주를 돌아보고 반성하며 새로운 한 주를 다짐하는 시간이다. 이때 반드시 해야 하는 것이 '자기비판'과 '호상비판'이다. 나를 반성하고 또 누군가 한 명을 지목해 비판을 해야 한다.

수영이는 숙제를 하며 생각했다. 내일 생활총화 시간에는 〈혁명활동〉 수업 시간에 더 열심히 듣지 못한 자신을 비판하고 반성할 예정이다. 그리고 고민한다. '호상비판 시간에는 진호를 비판할까?' 어제 청소 시간에 장난치며 청소하는 친구들을 방해했기 때문이다. 수영이는 호상비판을 "진호는 목요일 청소를 열심히 하지 않았습니다."라고 하기로 결심했다.

자기비판, 호상비판 할 내용까지 생각하고 나니 이제야 제대로 숙제를 끝낸 느낌이다. 그렇게 이른 아침부터 시작된 수영이의 하루가 저물어간다.

영재교육의 장, 제1중

　북한에서는 학교를 급에 따라 나눈다. 그중에서 최고의 학교, 그곳은 바로 '제1중'이라고 불리는 영재학교다. 여기서는 북한의 영재교육이 어떤 공간에서 어떻게 이뤄지고 있는지 알아보자.

　2016년 7월, 국제수학올림피아드에 참가한 북한의 수학영재가 탈북한 사건이 세간의 이목을 끌었다. 홍콩의 영자지 사우스 차이나 모닝포스트(South China Morning Post)에 따르면, 이 학생은 국제수학올림피아드 대회에서 3차례 은메달을 수상한 이 군이다. 이 군은 당시 제57회 국제수학올림피아드에 참가 차 홍콩에 머물고 있었는데 홍콩주재 한국총영사관에 망명을 신청한 뒤 한국에 입국한 것으로 알려졌다. 이 사건을 계기로 북한의 영재교육, 북한 학생들의 수학능력에 주목하는 시선들이 늘어나고 있다.

　북한에서는 영재를 '수재'라 부른다. 북한이 3대의 정권에 따라 어떤 교육정책을 펼쳤는지 영재교육을 통해 잘 알 수 있다. 김일성은 영재교육을 수정주의로 간주하고 부정적인 입장을 취했다. 결국 1980년대 이전까지 북한의 영재교육은 어학인재 양성을 위한 평양외국어학교와 예체능에 특화된 교육 등 일부에 국한되었다.

　1980년대 들어 후계자인 김정일이 영재를 "뛰어난 소질과 재능을 가진 아이"로 간주하고 영재교육을 강조하면서 영재교육의 법적 기준을 정

▲ 컴퓨터를 이용하고 있는 소학교 학생들 ⓒ<Shutterstock>

비하고 영재교육기관을 설립하기 시작했다.

북한의 첫 영재교육학교는 1984년 평양의 중심지인 보통강 구역에 설립된 〈평양 제1고등중학교〉이다. 이와 함께 다음 해에 함흥, 청진 등 각 도 소재지에 영재학교가 신설되었고 1980년대 말까지 평양의 각 구역에, 그리고 1990년대 후반부터는 각 시, 군까지 영재학교가 우후죽순처럼 설립되었다.

김일성 정권의 영재교육이 외국어와 예체능 분야에 국한됐다면, 김정일 정권 들어서는 과학, 수학, 물리, 화학 등 이과 계열에 집중되었다. 이러한 영재학교를 일컬어 〈제1고등중학교〉(이하 제1중)라고 칭했던 것이다. 한마디로 우리나라의 특수목적 고등학교에 해당되는 학교들이다.

그리고 2000년대에 들어서면서 북한은 컴퓨터 전문가 양성에도 관심을 쏟기 시작했다. 영재교육에 대해 비판적이었던 김일성 집권 시기와는 완전히 다른 교육정책이 추진된 것이다. 왜 이런 영재교육 바람이 불었던 것일까?

북한이 김정일 체제에서 영재육성에 관심을 갖게 된 가장 큰 이유는 1970년대부터 시작된 북한의 경제난을 꼽을 수 있다. 제1중은 과학 분야의 인재를 양성해 경제적 어려움을 해소하기 위한 목적으로 설립되었고 학교 환경뿐만 아니라 교육 내용과 방법에서도 일반 학교와 차별화된 교육서비스를 제공하였다.

북한에서 일반 학교의 교육환경은 열악하다. 경제위기 속에 학교도 자급자족을 해야만 하는 상황이었다. 학교의 시설보수공사에 필요한 자재와 비용, 난방, 사무용품, 심지어는 교사의 생계비까지도 학부모의 책임으로 떠넘겨졌다. 북한이 자랑하는 12년제 의무교육의 어두운 민낯이다. 북한의 교육은 더 이상 무상교육이 아니게 된지가 오래다.

　하지만 제1중과 같은 영재학교는
　모든 면에서 일반 학교와 다른 '대우'를 받는다.
　학교 규모나 시설의 현대화, 교과서와 교육 내용까지
　모두 최고의 서비스가 제공된다.
　제1중에 임용되는 교사 또한
　학력 등 까다로운 자격요건을 거쳐 선발된다.
　다만 학비 명목으로 부담해야 하는 비용이
　일반 학교와는 비교할 수 없을 정도로 높다.
　결국 영재학교에 다니는 학생은
　북한에서 경제적 지위가 높은 가정의 자녀들이 대부분이다.

　제1중 입학을 목표로 하는 소학교 졸업생들은 입학시험을 치르고 입시 경쟁에서 선발되어야 한다. 제1중에 진학하면 북한의 명문대학이라 할 수 있는 김일성종합대학, 평양이과대학, 김책공업대학 등에 도전할 수 있다. 치열한 경쟁을 뚫고 제1중에 입학한 학생들에게는 다양한 특혜가 제공된다.

　특히 제1중 학생들은 북한 학생이라면 누구나 숙명처럼 받아들이는 노력동원(농촌동원, 나무심기 등)에서 제외된다. 노력동원 시간에 우수한 교사들로부터 개인 및 그룹 과외 등 교육 특혜를 받을 수 있으며 군복무 면제와 유학의 기회도 얻을 수 있다.

　1990년대와 2000년대 초반에 우후죽순 생겨난 제1중은 사실 신설된 학교가 아니라 일반 학교에서 제1중으로 전환된 경우가 많았다. 제1

중이 쏘아올린 학교 서열화는 입시경쟁을 과열시켰고 일반 학교와의 위화감까지 조성되면서 주민들의 불만이 새어나오기 시작했다. 결국 그 많던 제1중은 2008년부터 다시 일반중학교로 전환되었고 각 도별로 외국어학원과 제1중을 1개씩만 두는 것으로 정비되었다. 하지만 평양시에는 여전히 구역마다 제1중이 있다.

김정은 정권에서 영재교육은 이과, 기술인재 양성에서 체육 분야로까지 확대되었다. 이때부터 조기 영재교육에도 국가적인 지원이 본격화되었다. 예를 들어, '평양 경상유치원'에서는 음악적 재능을 가진 5, 6세 어린이들을 대상으로 조기영재교육을 진행한다고 한다.

북한에서 제1중이라는 영재학교의 수는 줄었을지언정
영재교육에 대한 국가의 지원과
학부모들의 관심은 오히려 늘고 있어
영재학교를 향한 입시경쟁은 여전히 뜨겁기만 하다.
북한에서 특권을 누리는 사람은 상위 1%의 핵심 계층이다.
그 핵심 계층으로 올라갈 수 있는 계단이 영재학교인 만큼
북한판 SKY캐슬은 현재 진행형이다.

북한판 수능, 대학입학시험

 해마다 11월이면 대한민국 고등학교 3학년 학생들은 운명의 시험, 수학능력평가시험(수능)을 치르게 된다. 학생들은 그동안 열심히 학습해온 실력을 평가받고 수능성적에 따라 대학으로, 혹은 사회로 진출하게 된다. 그렇다면 북한은 어떨까? 북한에도 수능과 같은 시험이 있을까? 이제 북한의 대학입시제도에 대해 알아보자.

▲ 북한의 최고 대학인 김일성종합대학 정문 ⓒAlek Sigley

먼저 북한의 중학교는 초급중학교 3년, 고급중학교 3년으로 나뉜다. 한국의 고등학교 3학년은 북한의 고급중학교 3학년에 해당된다. 그렇다면 북한과 남한의 '고3'은 어떤 차이가 있을까?

북한의 대학은 2015년을 기준으로 4년제 대학 280개교가 있으며 북한 최고의 명문대학은 한국에서도 잘 알려진 김일성종합대학이다. 이 외에 김책공업종합대학, 고려성균관 등 북한에는 3개의 종합대학이 있다. 북한에도 한국과 마찬가지로 대학에 입학하려는 교육열이 대단하다. 이는 대학의 학력이 북한에서 사회적 지위를 얻고, 또 유지하는데 절대적으로 중요한 자산이 되기 때문이다.

북한에서 대학입시의 첫 번째 특징은 두 번에 나누어 실시되는 대학입학시험이다. 북한도 남한의 수능시험에 해당하는 대학 입학시험을 본다. 북한의 대학 입학시험은 '대학추천 예비시험'과 '대학입학 본시험'으로 나뉘어 있다. 한국의 수능시험과 비교적 유사한 시험이 바로 대학추천 예비시험이다.

예비시험을 보는 시기는 해마다 조금씩 다르지만, 보통 10월~1월 사이에 본다. 예비시험에 통과한 학생은 본시험을 보기 위해 본인이 희망하는 대학으로부터 추천권을 받아야 한다. 다시 말해 예비시험은 대학추천을 받기 위한 시험인 셈이다.

예비시험을 통과한 학생이라 하더라도 본인이 희망하는 대학을 자유롭게 선택할 수는 없다. 북한은 국가에서 대학 정원을 정하게 되고 해당 대학의 정원수에 따라 본고사에 지원할 수 있는 중학교별 정원이 다시 배당된다. 예를 들면, A대학에는 a중학교 출신 3명, b중학교 출신 5명을 정원으로 정하는 것이다. 결국 내가 지원할 수 있는 대학을 국가가 선택해 주는 셈이다. 이처럼 미리 대입시험 응시자의 수를 국가가 통제하기 때문에 좋은 중학교에 입학하고 그 속에서 경쟁하는 것이 더 치열하다. 앞서 소개한 제1중학교 입학이 중요한 이유가 여기에 있다.

다시 예비시험으로 돌아와 보자. 지원자가 예비시험을 마치면, 각 대학은 출신성분, 정치·조직 생활, 예비시험 성적 등을 종합적으로 고려하여 추천을 한다. 이상의 평가 기준은 본 시험에도 적용된다. 즉, 대학에 진학하기 위해서는 북한식 수능만 잘 보면 되는 것이 아니다. 대학 입학시험 성적뿐만 아니라, 출신성분과 정치·조직 생활 평정 등이 평가에 중요한 요소로 반영된다.

이런 과정을 거쳐 예비시험에 합격한 수험생에게는 수험통지서가 발급된다. 예비시험-추천-수험통지서까지 발급된 학생은 본 고사에 응시할 자격을 얻는데, 원서 지원과 비슷한 의미로 해석해도 무방하다.

이제 본고사가 남아 있다. 본고사는 대학별 시험으로 진행된다. 따라서 본고사를 보는 시기와 방법, 내용은 학교별로 차이가 있다. 이렇게 본고사까지 통과하면 최종 합격이 결정된다. 이상과 같은 일련의 절차를 거쳐 최종 대학교에 입학하는 학생은 고급중학교 졸업생의 10~15% 수준이다.

그렇다면 대학 입학시험에 합격하지 못하는 학생들은 어떻게 될까? 북한도 재수, 삼수가 있을까? 결론부터 말하자면 연이어서 두 번의 기회는 없다. 이것이 북한 대학입시제도의 두 번째 특징이다. 대입시험에 합격하지 못한 이들은 군복무, 혹은 국가가 배치한 직장에서 일해야 한다. 다만, 직장생활을 하면서 두 번째 대학입학 기회를 얻을 수도 있다.

대학입학시험에 지원하지 않았거나, 합격하지 못한 고급중학교 졸업생들은 신체검사를 거쳐 군에 입대하거나, 신체검사에서 탈락한 이들은 공장이나 농장 등 직장에 배치된다. 이렇게 배치된 직장에서 일정 기간 근무하거나 군대를 제대한 후에 다시 대입시험에 응시할 기회가 주어진다. 직장의 경우 3년~5년 이상 근무할 경우 대학입학 추천을 직장으로부터 받을 수 있다. 공식적으로 재수생은 없지만, 특별입학생은 있는 셈이다.

북한의 인민군대에서 복무를 마친 이들,
즉, '제대군인'의 경우에는 예비시험 성적보다
군사복무 기여도, 출신성분으로 대학입학 추천권을 받는다.
또한 입학 정원도 고등학교 졸업예정자보다 몇 배수 많아서
제대군인의 대학입학이 상대적으로 유리한 편이다.
이런 이유로 성적이 뛰어나지 않은 학생들은
먼저 군대에 입대하고
제대 후에 대학입시 기회를 노리기도 한다.
북한의 대학생은 이렇게 입학하는 시기에 따라
'직통생', '제대군인', '직장생활자'로 나뉘게 된다.

북한 대학입시제도의 세 번째 특징은 대학입학 추천권을 둘러싸고 권력과 인맥, 그리고 뇌물을 사용하는 등 부정부패가 나타나고 있다는 점이다. 공부를 월등히 잘하지 않는 이상, 아무리 우수한 학생일지라도 뇌물 등 권력층과의 결탁이 없이 명문대학 진학을 기대하는 건 힘들다.

북한에서 명문대 졸업이 사회적 지위를 유지하는 필수과정으로 인식되

▲ 북한 중학교의 영어수업 모습 ⓒAlek Sigley

는 상황에서 대학입시를 둘러싼 부조리는 쉽게 사라지지 않는 것 같다.
최근에는 명문대학에 자녀를 입학시키려는 학부모들의 과도한 교육열로
북한에도 자본주의 사회에서 나타나는 사교육 시장이 형성되고 있다는
증언이 계속되고 있다. 북한의 사교육에 대해서는 북한교육의 속사정을
통해 구체적으로 다루어 보겠다.

선택받은 이의 특권, 유학

북한은 외부 세계와 단절된 은둔의 공화국으로 알려져 있다. 하지만 외부와의 통로가 아예 없는 것은 아니다. 김정은 위원장이 '해외유학파'라는 것은 이미 잘 알려진 사실이다. 북한은 적은 숫자이지만 선별된 인원에게 유학의 기회를 부여하고 있다. 우리 언론에서도 세계 각지에서 공부하고 있는 북한 유학생에 대한 이야기를 심심치 않게 전해주고 있다. 물론 대학입시보다 더 좁은 문을 통과한 엄선된 소수에 한정된 이야기다.

폐쇄국가인 북한에서 해외 유학이 어떻게 가능할까?

북한에서도 해외 유학은 가능하다. 단, 개인이 선택할 권리는 없고 국가가 선발해 파견하게 된다. 국가가 통제하는 프로그램으로 유학에 소요되는 교육비, 생활비 등을 모두 국가에서 지원한다. 말 그대로 국비유학만이 존재하는 것이다. 결국 북한에서 유학은 개인의 발전을 위한 것이 아니라 국가의 발전을 위한 일종의 국가투자인 셈이다. 유학의 최종 결정권은 최고지도자에게 있다.

1945년 광복을 맞은 이후로 북한은 학생들을 해외로 유학을 보내기 시작했다. 유학생들은 대부분 동유럽 사회주의권 국가로 파견됐는데 주로 소련, 독일, 폴란드, 체코 등에 보내졌다.

그럼 미국과 같이 적대적인 국가에도 북한의 유학생이 있었을까?

▲ '자기 땅에 발을 붙이고 눈은 세계를 보라!'ⓒ이조영

미국에도 북한의 유학생이 있었다. 미국 국무부 자료에 따르면, 미국
에서 공부하는 북한 유학생은 1975년 5명으로 처음 기록된 이후 점차 늘
어 2000년에는 200명을 넘어섰고 2007년에는 266명까지 증가했다.
그러다 최근 급격히 줄어 2014년도에는 19명인 것으로 알려져 있다.

북한에서 유학의 역사는 해방 직후로 거슬러 올라가지만, 본격적으로
유학이 시작된 것은 1984년 김일성 주석이 특별열차로 소련과 동유럽
8개국을 방문한 이후부터이다. 당시 방문한 동유럽의 발전에 김일성 주
석이 큰 충격을 받고 선진국들의 기술을 도입하기 위해 유학생 파견 협
약을 맺었다고 한다. 그러다 1980년대 말 소련과 동유럽 사회주의국가
들이 해체되고 유학생의 탈출 등 문제가 발생하자 유학생들을 모두 철수

시키게 된다. 최근 북한은 중국을 중심으로 동남아와 호주, 그리고 유럽 지역에도 다시 유학생을 파견하고 있다.

> 북한의 유학생 파견은 선진기술을 도입하기 위한
> 과학자, 기술자 양성이 목적이며
> 귀국 후 해당 분야의 전문가로 일하는 게 유학생들의 숙명이다.
> 이렇게 길러진 인재들이 진출하지 못하는 곳이 있다.
> 유학생들은 당과 사법기관의 핵심 관료로 진출하기 어렵다.
> 왜일까?
> 유학생들은 자본주의에 물들기 쉬운 환경에 노출되었기 때문이다.
> 다만, 김정은 시대에 이런 장벽도 점차 낮아지고 있다.
> 김정은 본인이 해외유학파 아니던가!

실제로 유학 중 탈북한 북한이탈주민의 경우, 북한에서 살다가 입국한 이들보다 사고방식이나 문화적 이해가 빠르고 트여있다. 북한 당국이 우려하는 바가 괜한 걱정이 아님을 알 수 있다. 그럼에도 불구하고 북한에서 유학생은 선망의 대상이다. 외부와의 접촉이 차단된 북한에서 해외에 나갈 수 있다는 사실만으로도 충분히 매력이 있기 때문이다. 북한에서는 외교관이나 무역기관 종사자가 아닌 이상 해외 출장도 불가능하기 때문이다.

2010년대 이후로 북한의 유학 관련 정책도 많이 달라지고 있다. 김정은 정권이 들어서면서 중국이나 러시아에 집중됐던 파견지역이 서양권으로 확대되기 시작한 것이다. 유학 파견 국가만 달라진 것이 아니라 유학생 규모나 전공도 다양해지는 추세이다.

김정은 시대의 북한은 외국인 유학생 유치에도 더 많은 관심을 기울이고 있다. 북한에서 유학 중인 외국인은 중국인이 가장 많고, 러시아나 서양권 국가에서도 유학 온 학생들이 적지 않다. 북한 당국은 외국인 유학생들에게 자국민 못지 않은 지원과 관심을 기울이고 있다. 실제로 얼마 전 김일성종합대학에서 유학 중이던 호주인 알렉 시글리가 북한의 유학생활을 페이스북에 게재해 화제가 되기도 했다. 그는 안타깝게도 간첩행위를 했다는 이유로 억류되었다가 풀려나는 고초를 겪기도 했지만 말이다.

북한이 외국인 유학생을 유치하는 가장 큰 이유는 이들이 외화 수입원이기 때문이다. 2018년 기준 김일성종합대학 석사과정의 한 학기 학비는 미화로 3,500달러, 기숙사비는 한 달에 1,500달러 정도인 것으로 알려져 있다.

그렇다면 해외에서 유학하는 북한 학생의 유학생활은 어떤 모습일까? 북한이 엄격한 통제사회인 것만큼 북한 학생의 유학생활 또한 철저한 감시 속에 놓여있다. 하지만 젊은 청춘들이 해외 유학지에서 갑갑한 통제에 적응하기란 쉽지 않은 일이다. 이들은 감시가 느긋한 틈을 타, 혹은 허점을 이용해 크고 작은 '일탈'을 하게 된다. 이런 일탈행위 중 가장 극단적인 일탈은 탈북이다.

유럽 국가에서 유학 중 탈북한 유학생의 이야기를 들어봤다.

어느 날 너무 갑갑해서 산책을 나갔어요. 그날따라 별로 감시도 없는 것 같고 해서 평소 동선을 벗어나 조금 많이 걸었어요. 그러다 어떤 큰 건물 앞을 지나는데 정말 듣기 좋은 음악 소리가 들리더라구요. 마음이 끌렸다고 할까. 그래서 주변을 둘러보고 아무도 날 의식하지 않는 것 같아서 들어갔어요. 교회였어요. 예배 중이었는데 그 찬양하는 소리가 그렇게 마음을 울렸던 거에요. 예배 끝날 때까지 앉아 있다가 나왔는데 다행히 별 일은 없었어요.

그리고 다음 주 같은 날 너무 가고 싶었지만, 혹시 몰라 2주 뒤에 다시 그 교회로 가서 예배를 참가하게 됐어요. 처음보다 더 큰 감동을 받았어요. 기숙사에 돌아와서도 찬양의 멜로디나 가사가 머릿속에 맴돌았어요. 예배 중에 들었던 설교 말씀도 이해가 거의 안 돼서 궁금해지기 시작했죠.

해외에서도 이런 궁금증을 갖는 게 위험한데 북한에 가면 정말 더 이상 들을 수도, 가 볼 수도 없는 곳이 교회잖아요.

그래서 굉장히 짧은 시간에 탈북을 해야겠다고 결심하게 됐어요. 자유롭게 교회를 다니고 찬양을 듣고 기독교, 그리고 성경에 대해 알고 싶어요. 망명을 신청했고 지금 이렇게 무사히 한국에 와서 교회에서 봉사를 하면서 자유롭게 신앙심을 키우고 있습니다.

저는 종교 때문에, 아니 더 구체적으로는 찬송가 소리에 이끌려 탈북했다고 해도 이상할 게 하나 없을 거에요. (웃음)

위의 사례처럼 해외 유학 중 탈북하는 이들이 적지 않은 것으로 보인다. 북한이 우려하고 있는 것처럼 사상이나 신념이 변화하면서 북한 체제에서 이탈하는 것이다. 만약 북한이 한국 등 다른 국가들처럼 자유롭게, 인원을 제한하지 않고 수만 명, 수십만 명씩 유학생을 파견했다면 지금처럼 견고히 체제를 유지할 수 있었을까?

김일성종합대학에서의 유학 생활

저는 북한의 최고 대학인 김일성종합대학에 다니며 다양한 경험을 할 수 있었습니다. 짧게나마 저의 '류학생' 생활을 소개해 드리겠습니다.

저는 호주국립대 아시아학과에서 공부하면서 동북아 지역의 나라들에 특별한 관심을 갖게 되었습니다. 그리하여 이 지역에 직접 방문해 경험을 쌓자는 생각을 갖게 되었고 한국의 서강대와 중국의 푸단대학(상하이), 그리고 일본에서 1년 간 채류하며 한, 중, 일 3국의 문화를 경험할 수 있었습니다. 그러던 중 중국에서 북한 유학생과 만날 수 있는 기회가 있었고 미지의 세계와 같은 북한에도 관심을 갖게 되었습니다.

▲ 통일투어 홈페이지

저는 쉽게 경험할 수 없는 북한을 관광상품으로 만들기 위해, 북한 여행, 특히 북한의 문화어를 배우는 교육프로그램을 운영하는 여행사인 통일투어(Tongil Tours)를 설립하게 되었습니다. 북한 관광 프로그램을 개발하고 북한의 외국인 관광 담당자들을 만나면서 저는 북한 문학을 배우고 싶은 욕심이 생겼고 2년간의 끈질긴 노력 끝에 2018년 4월 김일성종합대학 문학대학 대학원 현대조선문학 전공에 입학하게 되었습니다.

▲ 나의 김일성종합대학 학생증

　　저는 북한에 체류하며 김일성종합대학의 유학생 숙소에서 생활했는데 주로 외국인 유학생과 함께 방을 사용했지만 때로는 북한 학생이 룸메이트가 되기도 했습니다. 기숙사는 12층 규모로 외국인 학생들은 4층에서 8층까지 사용했습니다. 기숙사의 1층에는 세탁소와 이발소, 사우나 등 편의시설들이 있고 2층에는 식당과 운동 시설이 위치해 있습니다. 전반적으로 시설들이 훌륭했는데 특히 식당의 음식이 맛있었고 사우나도 유학생들에게 매우 인기가 있었습니다.

▲ 김일성종합대학 전경

제가 김일성종합대학에서 수강한 강의는 문학이론, 문학작품분석, 조선현대문학사, 문학사조론, 구성론 등 북한의 문학에 관한 과목들이 주를 이뤘습니다. 외국인 유학생의 대학원 강의는 주로 김일성종합대학 캠퍼스에 위치한 3호교사 7층의 "류학생 강의실"에서 현지 학생들과 분리된 채로 진행되었습니다. 저는 조선문학 석사과정을 전공하는 유일한 외국인 학생이었기 때문에 교수님과 1대1 강의가 대부분이었습니다. 정말 특별한 경험이었습니다.

▲ 김일성종합대학 문학대학 강의 중

지금은 굳게 닫혀 있지만, 언젠가 한국의 학생들이 북한의 대학에서, 북한의 학생들이 한국의 대학에서 유학하는 모습을 볼 수 있길 기대해 봅니다.

속사정

"치맛바람"

_여자의 극성스러운 활동을 비유적으로 이르는 말(표준국어대사전)

자녀를 위한 일에 극성스러움이 대수겠는가?
그리고 그 극성스러움은 남과 북이 따로 없다.
치맛바람은 지금, 이 시간, 북한에서도 불고 있다.
우리나라 부모의 자녀에 대한 교육열은
세계 그 어디에 내놔도 뒤지지 않을 만큼 뜨겁다.
이런 교육열은 남북에 차이가 없다.
체제는 다르지만 역시나 한민족이다.

치맛바람이 가장 세차게 부는 현장은 아마도 사교육 시장일 것이다. 2000년 전까지만 해도 북한에서 사교육이라는 단어는 낯설었고, 또 어울리지 않는 단어였다. 물론 일찍이 1980년대부터 아주 드물게 존재했다고는 하나 사회현상으로 볼 수 있는 시기는 21세기를 맞이하면서부터이다.

최근 북한의 추세를 보면 사교육이 시장의 형태를 띠면서 확대 발전해가고 있음을 알 수 있다. 이런 현상은 도시와 농촌, 그리고 지역별로 다

▲ 선생님에게 악기 지도를 받고 있는 북한 학생 ⓒ〈연합〉

소 차이가 있으나 사교육 시장 자체가 점차 커지고 있음을 다수의 북한 이탈주민들이 한목소리로 증언하고 있다.

앞서 언급한 바와 같이 북한에서 대학 진학률은 고급중학교 졸업생의 10~15% 정도에 불과해 한국과는 달리 대학 진학 자체가 신분 상승의 지름길로 인식된다. 대학생이면 그 자체로 사회적인 신분과 시선이 달라진다는 것이다. 이와 관련하여 북한 출신 주민들과 이야기를 나눠봤다.

Q: 북한에서는 대학생이라고 하면 신분만으로도 대우가 달라진다고 하는데, 정말 그런가요?

A: 북한에서 '사람은 머리에 먹물이 들어야 한다'라는 말이 있어요. 배워야 한다는 거죠. 배운 사람은 뭐가 달라도 다르거든요. 그래서 대학에서는 그 모든 걸 배워주니(가르쳐) 대학생들은 말하거나 행동하는게 조금 달라서 대우해줘요. 대학생들은 자기 학교마다 휘장(뱃지), 대학생증, 증명서 같은게 있어요. 방학 때 여행증명서를 간혹 못 떼고 집에 간다던가 하는 학생들이 있는데, 기차에서 검사할 때 '어느 대학생인데 미처 증명서 못 뗐다. 집에는 갔다와야하니 봐달라' 하면 그냥 보내주기도 해요.

〈함경남도 출신 A씨〉

A: 맞아요. 대학생들은 사회적으로 좀 존경받아요. 그냥 대학에 다닌다는 것만으로도 존중의 대상이 되는 거죠. 하다못해 장(시장)에서 장사를 하다가 단속돼도 대학생이면 많이 봐줘요.

〈함경북도 출신 B씨〉

그렇다면 대학에 가기 위해 어떻게 해야 할까? 제1중! 그렇다, 북한에서 사교육의 시작은 제1중학교, 즉 영재학교 입학을 위한 교육에서 시작된다. 제1중학교에 입학만 하면 김일성종합대학, 김책공업대학, 컴퓨터과학대학, 음악대학 등 유명대학 진학도 '따 놓은 당상'이 될 수 있다. 이런 이유로 2000년을 전후로 제1중 입시를 위한 사교육이 성행하게 되었다.

최근에도 자녀를 제1중과 명문대에 보내기 위한 사교육이 성행하고 있지만, 명문대가 아니더라도 일반 대학 진학을 위해 사교육에 공을 들이는 부모들이 늘고 있다. 결국, 예전보다 사교육의 목표가 낮아진 대신 사교육 시장은 더 넓어졌다고 할 수 있다.

사교육의 형태는 가계의 경제적 수준에 따라 달라진다.
경제적 여유가 없이 드라마 '사랑의 불시착'에 나오는
김대(김일성종합대학) 선생님을 모시기는 어려운 일이다.
이런 이유로 북한의 사교육은 평양, 청진, 함흥 등 규모가 크고
명문대학이 위치한 도시에 집중되어 있다.
한국에서 방과 후 학원에 가는 아이들의 모습이 자연스럽듯,
북한 대도시에서 방과 후 과외를 받는 학생들의 모습도
그리 낯설지 않다고 한다.

재미있는 것은 북한에서 사교육을 담당하는 사람이 주로 학교 선생님이라는 점이다. 국가공급체계가 무너지면서 배급이나 월급을 제대로 받지 못하다 보니 교사들이 '부업'으로 사교육의 한 축을 담당하게 된 것이다. 일부에서는 대학교수들까지 사교육 시장에 뛰어들었다는 소식도 전해진다. 이 외에도 한국과 같이 대학생들이 과외아르바이트 형식으로 학생들을 가르치고 있다. 대학생들의 경우는 대학교 근처나, 하숙집 자녀에게 과외를 해 주는 식이다.

이렇게 사교육을 제공하고 받는 대가인 과외비가 꽤 쏠쏠하다고 한다.

과외비는 지역별, 과목별, 형태별, 지급수단에 따라 천차만별이지만, 보통 10달러에서 15달러 정도로 알려져 있다. 하지만 쌀이나 감자 같은 식량을 과외비로 받는 경우도 많다. 가르치는 학생을 명문대에 합격시키면 고가의 명품이 '선물'이라는 이름의 대가로 주어진다.

Q: 북한에 계실 때 과외 많이 받아보셨어요?

A: 그럼요. 오빠가 의대 가려고 엄청 실력이 좋은 수학 선생님께 과외를 받았어요. 선생님이 저녁마다 퇴근해서 집에 와서 과외를 해 줬는데 결국 오빠는 대학예비시험에 합격했고 의대에 갔어요. 오빠 학교나 주변에 의대 간 사람 거의 없거든요.

그다음에 제가 또 수학, 물리를 그 선생님한테서 몇 달 받았어요. 과외비는 부모님들이 드려서 얼마를 어떻게 줬는지는 모르겠지만, 북한 사람이라면 누구나 부러워할 만한 일본 시계를 드렸어요.

⟨평안도 출신 C씨⟩

북한에는 사설학원이 존재하지 않는다. 그렇다 보니 사교육은 보통 과외교사가 학생의 집에 방문해 1대1로 수업하거나 한국과 같이 여러 명을 모아 그룹 과외를 하기도 한다. 그리고 한국의 스타 강사와 같이 북한에도 실력이 좋다고 입소문 난 과외선생님들이 있다. 이런 선생님은 많으면 30~40명의 학생들을 앉혀놓고 그룹 과외를 하기도 한다. 한국의 학원과 견줘도 밀리지 않는 규모다.

사교육은 보통 수학, 과학, 영어, 물리 등의 주요 과목이 대상이고, 이 외에도 악기, 성악 등 예체능 분야의 과외도 많다. 그중에도 수학 교육이 많다고 하니 우리의 수학사랑은 정말 남북이 따로 없는 듯하다.

보통 사교육은 소학교 3~4학년부터 시작된다. 중학교 입학시험을 준비하기 위해서는 이른 것이 아니라고 한다. 소학교 학생뿐 아니라 나이 지긋한 제대군인들도 대학교 진학을 위해 사교육을 받는다고 하니 사교육에 나이는 의미가 없는 듯하다.

북한에서도 사교육을 이끌어 가는 것은 학부모들이다. 부모님들의 '자식 사랑'이 사교육 시장을 점점 더 활성화시키고 있는 것이다. 북한의 가정에서 부모님의 권위는 절대적이다. 마지못해 과외선생님 앞에 앉아 공부하는 어린아이의 모습, 학원에 가기 싫어하는 우리 아이들의 모습과 별반 다르지 않다.

북한에서 확대되고 있는 사교육을 어떻게 이해해야 할까? 무엇보다도 북한 사회가 변하고 있고, 북한 주민들의 의식이 변화하고 있음은 분명하다. 하지만 변화가 모두 좋은 것만은 아닐 것이다. 빛이 있으면 그림자가 생기는 법, 사교육의 확산이 가져오는 교육 격차는 사교육의 그늘로 점점 더 짙어지고 있다.

V
Play ground
놀이터

놀이터로

놀이는 인간이 살아가는 삶의 한 방식이다. 우리는 놀이를 통해 여가 시간을 즐기기도 하지만 놀이는 즐거움 이상의 자아 발견이자 사회화의 과정이기도 하다. 북한에도 물론 다양한 형식의 놀이가 만들어지고 또 새롭게 등장하고 있다. 여기서는 북한의 놀이공간을 소개한다.

▲ 북한 소학교 교과서의 한 장면 ⓒ〈강춘혁-탈북작가〉

북한에서 놀이는 '혁명화'의 한 과정이다.
소학교 1학년 교과서에 나오는 '땅크 놀이'의 한 장면,

"꼬마 땅크 나간다. 우리 땅크 나간다.
미국놈 쳐부수며 꼬마 땅크 나간다"

이렇듯 놀이의 과정에도 반미의 이념이 스며들어 있다.
북한의 놀이는 또한, '집단화'의 과정이다.
학교의 운동장과 공장의 작업장, 도시의 광장에서 펼쳐지는
운동회나 무도회, 그리고 가두 공연은
'집단'의 이름으로 펼쳐지는 '사회주의적' 놀이들이다.

그러나 놀이도 '혁명화'의 대상으로 여기던 북한에 정말 '놀이'를 위한
시설들이 들어서고 있다. 김정은 체제가 등장한 이후 북한의 도시들에
다양한 놀이 공간과 시설들이 들어선 것이다. 특히 평양을 '먼저 온 사회
주의 선경'으로 만드는 과정에서 대규모의 '유희오락' 시설들이 들어섰고
이와 같은 변화는 중소 도시로 전파되고 있다.

정치선전 문구로 가득했던 도시에 놀이공원과 스케이트장, 물놀이장,
그리고 크고 작은 동물, 식물원들이 들어서고 있다. 최근 북한에서 '로
라스케트'(롤러 브레이드)나 킥보드와 같이 바퀴가 달린 놀이도구는 어린
아이들뿐만 아니라 어른들까지 즐기는 놀이가 되었다.

어느 정도 통제된 놀이공간과 달리, 사적인 공간에서 행해지는 놀이는
좀 더 다채로우며 또한 사회통제로부터 일부 벗어난 일탈의 공간으로 활
용된다. 1990년대 경제위기 이후, 시장의 확장과 사적 네트워크의 확

대는 사회통제로부터 벗어난 놀이공간을 확대시켜 왔다. 최근에는 한국의 가요나 드라마와 같은 외래문화컨텐츠가 다양한 전달 매체로 유입되면서 북한의 놀이 문화에 일정한 영향을 끼치고 있다.

　북한의 어린이뿐만 아니라 '어른이'도 즐기는 놀이터는 어떤 모습일까?

유희오락시설

딱딱할 것만 같은 북한 사회에도 마음껏 놀 수 있는 곳이 있을까?

그렇다, 북한의 주민들에게도 '공식적으로' 신나게 놀 수 있는 곳이 있다. 유희오락시설이 그곳이다. 북한에서 유희장은 "근로자자들의 휴식과 오락을 위한 놀이시설이 모여있는 곳"으로 큰 공원의 유희구와 소공원, 아동공원들로 이루어져 있다. 공식적인 놀이터라 할 수 있는 대규모 유희오락시설이 들어선 것은 최근의 일이다.

북한에서 주민들은 사회주의 혁명을 준비하는 '주체의 사회주의 인간'으로 살아갈 것을 요구받게 된다. 그들에게 '쾌락'은 자본주의의 망상일 뿐이다. 그런 북한 사회가 변해가고 있는 것일까?

김정일은 사망하기 전까지 2012년에 '강성대국', 특히 '경제강국'을 건설하겠다고 북한 주민들에게 공언했다. 그러나 그는 2012년 떠오르는 해를 보지 못하고 숨을 거뒀고 경제강국의 약속은 그의 죽음과 함께 사라지는 듯했다. 그러나 정권을 넘겨받은 김정은은 '경제강국'을 보여주는 대신 '사회주의 선경'이 어떤 모습인지 북한 주민, 특히 평양시민들에게 보여주기로 했다.

북한 지도자들은 더 이상의 고통을
북한 주민들에게 강요할 수 없었던 것일까?

아니면 자본주의적인 즐거움이란 것을 받아들인 것일까?
김정은 체제는 이런 부분에서 상당히 혁신적이다.
북한 당국은 유희오락시설을 통해
'사회주의 선경'을 먼저 체험하고 있음을 강조하고 있다.

▲ 소학교 학생들의 핫플레이스, 평양중앙동물원 ⓒAlek Sigley

김정은은 집권 후 3년간 수많은 유희오락시설을 새롭게 건설하거나 노후시설을 리모델링하여 재개장하였다. 북한은 2012년 릉라인민유원지(7월), 평양민속공원(9월), 만경대유희장과 대성산유희장(10월), 통일거리운동쎈터(10월), 인민야외빙상장(11월), 로라스케트장(11월) 등을 개건 및 준공했으며, 2013년에는 릉라인민체육공원(5월), 릉라립체률동영화관(9월), 문수물놀이장(10월), 미림승마구락부(10월)을 준공하였다. 2014년에는 소위 '마식령 속도'로 강조된 마식령 스키장(1월), 메아리사격관(3월)을 건설했으며, 2015년에는 중앙동물원을 개건하고 자연사박물관을 건설하였다.

평양을 방문하는 지방의 주민들은 과거와 달리 만경대 생가와 개선문, 주체사상탑을 둘러보는 것만이 아니라 다양한 놀이시설을 즐길 수 있게

▲ 놀이공원을 즐기는 북한 주민들 ⓒ<Shutterstock>

됐다. 물론 평양을 방문하는 모든 주민들이 놀이시설을 즐길 수 있는 것은 아니다. 자본주의의 놀이에는 돈이 필요하기 때문이다. 이제 공짜란 없다.

지방 도시의 오락시설은 주로 도소재지 도시에서 일부 진행되고 있으나 기존에 있던 소규모의 공원과 놀이시설을 개건·보수하는 경우가 주를 이루고 있다. 새롭게 건설된 유희장도 평양의 노후시설을 이전받은 방식이어서 평양과는 다른 분위기임을 알 수 있다.

유희장에 비할바는 못되지만, 도시의 공원들에 만들어진 놀이기구들도 일상에서 접할 수 있는 놀이 공간이다. 북한의 토지법(53조)에 따르면, "도시경영기관은 도시와 그 주변에 공원과 유원지를 비롯한 근로자들의 문화휴식터를 곳곳에 잘 꾸리며 꽃과 나무를 많이 심어 주민들의 훌륭한 생활환경을 조성"하여야 한다.

물론 도시의 규모에 따라 놀이시설의 수준은 천차만별이다. 평양의 공원은 현대적인 놀이시설들이 들어서고 있지만 다른 도시의 공원들은 사정이 열악한 편이다.

자연박물관 관람기

북한은 김정은 시대에 들어 평양을 중심으로 많은 유희오락시설을 건설했습니다. 김정은 위원장이 리설주와 함께 준공식에 참석해 유명해진 능라인민유원지를 비롯해 야간 개장으로 사랑받는 개선청년공원유희장, 문수물놀이장 등이 유명한 놀이시설들입니다.

▲ 야간 개장으로 유명한 개선청년공원유희장

이 외에도 중앙동물원과 자연박물관, 평양민속공원과 인민야외빙상장, 로라스케트장, 그리고 미림승마구락도 특색있는 오락시설입니다. 평양에 건설된 다양한 유희오락시설들은 평양 시민뿐만 아니라 지방에서 평양을 방문한 주민들의 필수 방문코스가 되어가고 있습니다.

◀ 연두색의 독특한 디자인으로 건설된 자연박물관 입구

이번에는 제가 2019년 6월에 방문한 자연박물관을 소개해드리겠습니다.

자연박물관은 2016년 8월 평양 대성산에 위치한 중앙동물원 내에 신축건물로 개관했습니다. 자연박물관은 4층 규모로 내부에는 우주관, 고생대관, 중생대관, 신생대관, 동물관, 식물관 등으로 꾸며져 있습니다. 말 그대로 지구에 존재했던 동물과 식물들을 고대로부터 관람할 수 있는 박물관입니다.

▲ 자연박물관 중앙홀의 공룡 조형물

특히 1층 로비의 중앙홀에 위치한 공룡 화석 모형은 자연박물관의 아이콘으로 인기를 끌고 있습니다. 또한 전시공간마다 다양한 조명을 활용해 현장감을 느낄 수 있도록 조성되어 있다는 점이 새롭게 느껴졌습니다.

▲ 다양한 컨셉의 자연박물관 전시관들

　　3층에는 자연관찰 및 실습실이 있어 박물관을 방문한 아이들이 자연을 체험할 수 있도록 배려했습니다. 공룡이 많아서 그런지 아이들과 함께 가족단위 관람객이 많은 것이 특징입니다.

로라 타고 고고씽~

어떤 이에게 도시는 일터이고, 어떤 이에게는 고단한 몸을 감싸줄 집이다. 개구쟁이 아이들에게 도시는 어떤 의미일까? 아마도 그들에게 도시는 놀이터일 것이다.

어린이들이 깔깔거리며 웃을 수 없는 도시는 죽은 도시가 아닐까? 북한의 도시는 한국전쟁 이후 주체의 사회주의 도시로 재건되었다. 이렇게 재건된 도시는 획일적인 구획과 외관을 중시한 '도시미화' 사업이 강조되면서 실상은 이렇다할 놀이공간이 마련되어 있지 않았다.

북한의 사회적 분위기가 집단을 우선시하는 만큼 애초에 '자유로운' 놀이문화라는 것이 성립되기 어려웠으며 놀이 또한 하나의 조직생활과 같았다. 그러나 2012년 김정은 체제가 등장한 이후 도시의 분위기가 점차 달라지기 시작했다. 평양을 중심으로 아이들의 입이 벌어질만한 놀이공간이 들어선 것이다.

그러나 이런 놀이시설들은 입장료를 지불해야하기 때문에 아이들의 입장에서 일상적인 놀이공간이라 하기에는 아쉬울 수밖에 없다. 이렇게 입맛을 다시고 있었을 북한의 아이들에게 부모님의 옷자락을 붙잡고 매달릴 아이템이 등장하게 된다. 세상 아이들은 아마도 굴러가는 무엇인가를 좋아하도록 태어난 듯하다. 바로 '로라스케트', 한국의 아이들도 즐기는 인라인 스케이트이다.

▲ 이제 로라스케트를 타는 북한아이들의 모습을 쉽사리 볼 수 있다. ⓒ<Shutterstock>

    큰 규모의 유희오락시설이 평양이나 청진 등 대도시에 국한된 반면, 인라인 스케이트는 스케이트장을 조성하는 비용이 저렴하다는 점에서 북한의 왠만한 도시에서 심심치 않게 목격되고 있다. '로라스케트'와 함께 도시는 거대한 놀이터로 변하고 있는 것이다.

청바지에 도널드 덕이 그려진 티셔츠, 검은색 단화를 멋들어지게 입고 흰색 면티를 허리춤에 살짝 내밀어준 패션종결자! 늠름하게 자가용(킥포드)을 겨드랑이에 끼고 있는 이 어린 친구가 북조선의 아이라는게 믿기는가?

자고로 놀이도구에 대한 아이들의 애착은
더 좋은, 더 예쁜 물건들을
자신들의 앞에 대령하라는 외침으로 이어진다.
바퀴와 분홍색의 신비로움에 빠진 아이들에게 자비란 없다.
어쩌면 북한의 시장을 돌리고
사회의 변화를 선도하는 것이
세상모르고 놀고 있는 이 아이들 아닐까?

광장의 무도회

아마도 북한만큼 경축일이 많은 나라도 드물 것이다. 수많은 경축일 중에서도 김일성이 태어난 태양절(4.15), 그리고 당 창건일(10.10)이나 건국일(9.9) 등 국가적인 기념일이 되면 광장은 인민들의 무도회장으로 변모한다.

▲ 국경일이 되면 그들만의 무도회가 열린다. ⓒ<Shutterstock>

▲ 밤을 밝히는 광장의 무도회 ⓒAlek Sigley

북한의 대표적인 집단놀이로 무도회가 있다. 국가의 경축일 밤이 되면 새옷을 입은 인민들이 광장에 모여 무도회를 연다. 북한의 도심에 위치한 광장은 구성원을 '집단주의'로 무장시키고 통제하는 정치적 무대가 된다.

광장의 무도회는 몇 가지 춤사위를 음악에 맞춰 추는데, 타원을 이루며 짝을 바꾸는 형식으로 진행된다. 전통적인 춤사위라기보다는 동유럽 풍의 춤사위가 전파된 것으로 보인다.

북한 당국은 각각의 경축일에 따라 평양의 김일성광장, 개선문광장, 그리고 지방의 신의주, 강계, 함흥, 원산의 중앙 광장에서 민속놀이나 공연을 개최한다. 민속놀이는 우리의 그것과 그리 다르지 않은데, 보통 연띄우기와 팽이치기, 제기차기, 줄넘기, 그리고 아이들의 꼬리잡기 등이 대표적이다. 북한에서 경축일은 모든 인민들의 축제로 기획되고 다양한 놀이들이 그날의 취지에 맞게 개발되어 전파된다.

다만, 일상의 공간에서도 북한의 인민들은 무척이나 가무를 즐기는 편이다. 북한은 의무교육 과정에서 1인 1기를 강조하기 때문에 대부분의 북한 주민은 노래나 춤, 악기를 다룰 줄 안다. 야외의 적당한 공간에 돗자리를 깔고 음식이 차려지면 음악에 맞춰 춤을 추는 북한 주민들을 쉽사리 볼 수 있다. 무대가 마련되면 주민들의 장기자랑은 끝없이 계속된다.

자연 속으로

북한에는 우리가 흔히 방문하는 다양한 놀이공간이 존재하지 않는다. 과거 한국의 70~80년대처럼 자연의 공간이 놀이터 그 자체인 경우가 많다. 다만 자연 속으로 떠나는 일정 또한 '혁명화' 교육의 일환인 경우가 대부분이다. 그래도 친구들과 자연으로 떠나는 여정은 나름의 즐거움이 있지 않을까?

북한에는 우리의 수학여행과 유사한 '답사'가 있다. 북한의 대표적인 '답사'는 '배움의 천리 길'과 백두산, 왕재산 등 혁명 유적지로 떠나는 일정이 대표적이다.

배움의 천리 길은
김일성이 조국을 배우기 위해 방문한 지역을 따라 걷는 일정으로
10대 중반의 중학생들이 대상이다.
배움의 천리 길은 국가적인 답사로
도시에 소재한 학교를 중심으로
소수의 학생들만이 선발되어 참여할 수 있다.

백두산이나 왕재산 등 '혁명 유적지'로 떠나는 답사는 청년동맹 소속의 청년들이 떠나는 답사다. 답사 프로그램은 중앙당 선전선동부에서 관리

하는 일정으로 선전선동부 산하에 혁명 유적지나 전적지 답사관리국이
프로그램을 운영하게 된다. 답사에 참여하는 청년들은 군복을 입고 당시
빨치산의 행군을 그대로 답습하게 된다.

▲ 천리길 청년 답사자들을 맞이하는 북한 주민들 ⓒ〈연합〉

이와 같은 답사는 1990년대 경제위기 이전까지만 해도 국가가 비용을
지불하는 국가적 기획이었다. 그러나 경제위기 이후로는 참가자들이 일
부 경비를 지불해야 한다. 아래는 혜산시 소재 중학교 교사의 답사 이야
기다.

필자가 근무하던 혜산시 소재 중학교는 백두산 답사를 떠났다. 혜산에서 백두산은 가깝기 때문에 1박 2일 혹은 2박 3일 일정으로 백두산, 삼지연 일대를 방문한다.

프로그램은 주로 관광이랑 비슷하다고 볼 수 있는데 답사를 통해 김일성·김정일의 생가(백두밀영), 혁명전적지, 사적지 답사, 명승지 혹은 평양 등을 방문하고 혁명 사상을 교육받는 것이다. 이때 휘발유, 차량 대절 등의 비용을 학생들이 지불해야 한다.

자본주의 사회의 남한에서는 소풍, 수학여행 경비를 개개인이 부담하는 것에 큰 거부감이 없겠지만 사회주의 의식이 남아있는 북한에서 이는 아직도 생소한 개념이다. 아니, 부당한 개념으로 받아들여진다. 과거에는 학교와 교육부에서 지원을 해줘 대부분의 학생들이 함께 답사를 떠날 수 있었지만 모든 것이 개인의 부담으로 이어지니 답사여행을 못 가본 아이들이 적지 않다.

「탈북교사의 생생이야기」 중에서

답사 중에는 다양한 교육 프로그램이 진행된다.
혹여나 다른 학교의 학생들을 만나면
대항전 성격의 상호 문답식 경연을 하거나
공연을 통해 표창을 하기도 한다.
학교의 명예가 걸린 대결인 만큼
자존심을 건 경쟁이 뜨겁게 펼쳐진다고 한다.

자연을 벗 삼은 놀이로는 역시 소풍이 제일이지 않을까?

북한에서는 주로 소학교(초등학교)에서 '소풍', 북한 표현으로 '원족'을 떠난다. 소학교에서는 일 년에 한, 두 번씩 가까이에 있는 경치 좋은 관광지나 유적지, 동물원 등으로 원족을 떠나게 된다. 앞서 이야기한 답사

▲ 북한은 원산 해안가에 대규모의 관광지구를 개발하고 있다. ⓒ〈연합〉

와 달리 원족은 간단한 체육대회나 장기자랑, 노래경연대회 등이 개최되고 상품도 주어진다. 남한의 소풍과 그리 다르지 않은 느낌이다.

그렇다면 어른들이 즐길 수 있는 자연의 놀이 공간은 없을까?

북한은 자연경관이 수려한 공간에 휴양소를 건설해 운영하고 있다. 놀이 공간이라기보다는 휴양시설에 가깝다. 다만, 북한의 휴양소가 많지 않은 관계로 모든 인민이 자유롭게 이용하는데는 한계가 있다. 이런 이유로 '연풍과학자휴양소'와 같이 특정 집단에 대한 휴양시설이 건설되곤 한다.

북한은 대북제재로 인한 경제위기를 극복하기 위해 관광지 개발에 적극 나서고 있다. 스키장과 온천, 해안가의 대규모 관광단지 등을 통해 해외 관광객을 유치하기 위한 관광상품 개발에 힘쓰고 있는 것이다. 마식령 스키장과 백두산 자락의 양덕온천휴양지, 그리고 최근 대규모로 개발되고 있는 원산-갈마 해안관광지구가 대표적인 관광상품이다.

휴양소나 야영소와 같이 북한 주민을 위해 만든 놀이공간이 해외 관광객을 위한 유락시설로 대체되고 있는 것이다. 물론 북한 주민들도 이런 시설을 이용할 수 있지만 비용을 수반한다. 결국, 국가가 보장하는 놀이와 휴식공간은 점차 사라지고 있는 것이다. 이제 북한도 놀이와 휴식에 돈이 드는 사회가 되어가고 있는 것이다.

속사정

　최근 북한에도 한류가 침투했다는 이야기가 종종 회자된다. 인기리에 방송된 「사랑의 불시착」에서 북한의 어린 소녀는 자신이 '북조선의 1호 아미'임을 자랑스럽게 이야기한다. 또한, 북한의 인민군인은 한국의 드라마에 빠져 있다. 정말 한류는 북한의 놀이문화로 당당히 자리 잡은 것일까?

▲ 2018년 남북평화협력기원 평양공연에서 레드벨벳 ⓒ〈연합〉

굳게 닫혀있던 북한의 국경이 열린 것은 1990년대 중반의 식량난과 대량 탈북으로부터 시작됐다. 식량난은 시장의 확산을 가져왔고 이는 북한 외부로부터의 물자 유입으로 이어졌다. 외부로부터 들어온 것은 식량만이 아니었다. 다양한 문화와 정보가 북한 사회로 스며들었다.

2019년 서울대 통일평화연구원의 탈북자 조사에 따르면, 북한에서 한국 물건을 사용해 본 경험자가 59.5%에 달했다. 특히, 한류로 일컬어지는 드라마와 K-pop, K-뷰티 등 문화컨텐츠가 다양한 전달매체로 진화하며 북한에 유입되고 있는 것으로 알려졌다. 2000년대 비디오테입이나 CD, DVD를 활용해 전달되던 문화컨텐츠는 최근에 MP3, MP4나 노트텔(EVD 플레이어), USB, 태블릿 PC 등의 전달도구를 활용해 전파되고 있는 것이다.

한국의 문화컨텐츠는 북한의 청소년층에
적지 않은 영향을 끼치고 있다.
탈북자들의 증언에 따르면, 일부 북한의 청소년들은
교실에서 MP3와 MP4를 활용해 한국의 노래와 드라마를
절친한 친구와 비밀리에 공유한다고 한다.
한류 컨텐츠의 우수성뿐만 아니라
같은 언어를 사용한다는 점에서
문화적 감수성이 높은 청소년층에
더 많은 영향을 끼치는 것으로 이해된다.

"주말이나 평일에도 한국 CD 있으면 2~3명 모여서 보고, 5~6학년 때는 1주일에 하나 정도 봤어요. 많이 봤어요. 한국꺼 본 아이들끼리만 얘기해요. MP3를 갖고 다니면서 듣는데, 중국 노래는 압수안하고 남한 노래는 끼리끼리 듣거나 빌려주거나 '내 것 잡아라'하고.. 동생은 MP4를 갖고 있었어요. 걸리면 처벌로 교양소를 가야해요."

박신영(2014) 탈북자 인터뷰 재인용

이와 같이 외부로부터 유입된 문화컨텐츠는 사적인 공간을 활용해 개인 혹은 연인이나 동료집단 등 비밀을 지킬 수 있는 개인 간의 새로운 놀이문화로 자리잡고 있다. 특기할 것은 새로운 문화의 유입이 비공식 영역에서 이루어지며 국가의 사회통제로부터 벗어난 사적네트워크를 강화시키고 있다는 점이다.

VI
Market
시장

시장으로

길가 이곳저곳에 물건을 팔기 위해 정신없이 자리를 잡은 상인들. 바닥, 널빤지, 바구니, 선반 위에 각자의 물건을 놓고 파는 모습. 그 사이를 지나다니며 물건을 사려는 사람들까지…. 흔히 우리가 떠올리는 북한 시장은 이러한 길거리 시장이다. 그러나 이는 북한의 1990년대 중후반~2000년대 초반 모습이다. 물론 아직도 길거리 상인이 있지만, 노점상 등을 떠올려보면 사실 어느 나라에서나 마주칠 수 있는 모습이기도 하다.

지금은 2021년이다.
고난의 행군으로 암시장이 나타난 1990년대 중반으로부터
25년이 넘는 시간 동안 북한의 시장도 몰라보게 변했다.
오히려 아직도 1990년대 북한 시장 모습을 떠올리는 것이
더 아이러니할 정도이다!
이제 알아보게 될 북한의 시장은 매우 다양한 모습으로,
혹은 깜짝 놀랄 모습으로 여러분을 기다리고 있다.

최근 북한의 변화를 설명하는 데 빠뜨릴 수 없는 것은 바로 '시장'이다. 시장의 변화는 단어의 쓰임만 봐도 알 수 있다. 예를 들어 '장마당'이라 불렸던 북한의 시장은 이제 제도화된 '종합시장'을 말하거나, '부동산 시장', '유통 시장' 같은 분야별 경제를 설명할 때 쓰이기도 한다. 즉, 현재

북한의 시장은 단지 장소로서의 시장이 아닌 거래 대상(소비재, 생산재, 노동, 토지), 유통(도매, 소매) 등 다양한 영역에서 '시장'의 이름을 발견할 수 있을 만큼 변했다.

시장의 변화는 북한 주민의 일상생활에도 많은 변화를 가져왔다. 직장에 가지 않고 시장에 나가 장사하는 사람들이 많아졌고, 장사로 돈을 벌어 제법 큰 규모의 사업을 하거나 대부업을 통해 대자산가로 성장한 '돈주'들이 나타났다. 과거에는 없었던 써비차(service+차의 합성어, 개인이 운영하는 운송 수단)를 이용해 먼 거리를 오갈 수 있게 되었고, 월급으로는 도저히 살 수 없는 핸드폰 등 고가의 물건을 사는 사람이 나타났다. 시장에는 중국 등지에서 수입해 온 옷부터 수입 과일까지도 찾아볼 수 있다. 이렇게 나열하기도 힘든 변화들이 시장으로부터 시작되었고, 다시 시장에 영향을 미치고 있다.

북한의 변화를 제대로 이해하려면 시장을 봐야 한다! 이 글은 주로 공간으로서의 시장을 중심으로 북한 시장을 살펴보고, 시장으로 북한 주민의 일상생활이 어떻게 변화했는지 알아보려 한다. 그럼 이제 북한의 시장과 주민들의 일상 속으로 들어가 보자.

▲ 시장은 북한경제에 없어선 안 될 공간이 되었다. ⓒ〈연합〉

농민시장과 종합시장

북한의 시장은 언제부터 시작된 걸까? 대부분은 1990년대 고난의 행군 이후 굶주림을 해결하기 위해 주민들이 스스로 모여 만든 시장을 떠올린다. 그러나 북한의 시장이 1990년대에 갑자기! 나타나지는 않았다. 시장의 역사가 한 나라의 역사보다 오래된 것처럼, 북한의 시장 또한 오랜 역사를 지니고 있다.

조선 시대, 일제강점기를 생각해보면 한반도의 북쪽 지역에도 시장이 있었다. 분단 이전까지 존재했던 전통시장은 북한 정권의 수립과 함께 1946년부터 시작된 사회주의적 개조에 따라 '인민시장'으로, 1950년에는 '농촌시장'으로 명칭을 변경하며 모습을 달리하였다. 1958년에는 개인이 소유하거나 경영하던 모든 상업 활동을 금지하고 국가 주도의 상업 유통체계를 정착시키며 '농민시장'이 만들어졌다.

농민시장은 사회주의 체제 아래에서 계획경제를 보완하기 위한 것이었다. 농민시장은 도시가 아닌 시 외곽이나 농촌 지역에서 국가가 공급하지 않는 생활용품을 거래하는 비상설 시장으로 운영됐다. 시장이 열리는 장소, 주기, 거래 품목 모두가 국가의 통제 아래에 있었다.

보통 북한의 시장은 이 농민시장의 변화와 맞물려 있다. 북한 경제 정책의 실패로 산업간 연쇄적 침체가 시작되자 북한 당국은 주민들 스스로 식량을 확보하는 활동을 어느 정도 용인하기 시작했다. 1984년 시작된

'8.3 인민소비품 생산운동', 사적인 텃밭 경작의 허용 등도 농민시장을 변화시킨 중요한 요인들이다. 이 두 요인은 국가계획과는 별도로 추가 생산을 가능하게 했다. 주민들은 개인적으로 소비품과 농작물을 손에 쥐고 처분할 수 있게 되자 농민시장에 물건을 팔게 되었다.

> 농민시장은 1990년대 경제난을 계기로 큰 변화를 맞게 된다.
> 국가 배급 시스템이 무너지자 주민들은 생존을 위해
> 거리로 나와 물건을 교환하거나 판매하였다.
> 이런 변화 속에 농민시장이 상설화되었고,
> 암시장도 생겨나면서 시장의 형태도 다양해져 갔다.
> 반짝 시장, 메뚜기 시장(이동 장마당) 등
> 여러 형태의 시장이 나타났고,
> 도로변, 주택가, 역전 등 장소를 가릴 것 없이
> 사람이 모일만한 곳이면 그곳에 시장이 형성되었다.
> 시장은 북한 주민들에게 없어서는 안 될 일상의 공간이 된 것이다.

한편, 무역 또한 북한 시장 활성화의 중요한 역할로 작용했다. 1990 년대 경제 사정이 악화되며 국가가 많은 부분을 책임질 수 없게 되자, 국가가 독점했던 무역을 각 성(省)과 위원회, 도(道) 단위의 지방에서 할 수 있도록 권한을 준 것이다. 자력갱생을 위해 각 주체들은 무역을 통해 원자재, 식량 등을 수입했다. 이 과정에서 많은 수입 물품들이 비공식적으로 장마당으로 흘러갔고, 시장은 점점 커졌다.

1990년대 국가의 통제를 벗어나 불법의 영역에서 확대된 시장은 2000년대 들어서며 '종합시장'으로 합법화되었다. 불법적으로 운영되던

▲ 2000년대 중반 평양의 대표적인 종합시장인 통일시장의 모습 ⓒ〈연합〉

시장을 국가가 흡수하고 공식화한 것이다. 이름 그대로 종합, 모든 것을 사고판다. 종합시장이 합법화됨에 따라 북한 당국은 시장의 지붕, 울타리, 매대 등을 일정 규격에 따라 정비하고 관리하기 시작했다. 현재 북한의 종합시장은 전국의 시와 군 단위별로 2~3개 정도가 운영되고 있다. 종합시장의 크기는 꽤 크다. 북한에서 가장 큰 함경북도 청진시의 '수남시장' 면적은 서울 동대문 시장과 같고, 북한에서 운영되고 있는 종합시장의 전체면적은 여의도 면적의 2/3에 해당한다고 하니 생각보다 '어마어마'하다.

또한, 전국적으로 도매시장과 소매시장이 역할을 분담하고 있다. 북한의 대표적 도매시장으로는 평양시장, 평성시장, 신의주시장, 혜산시장, 청진시장, 함흥시장 등이 있다. 여기서 물건을 떼어와 소매로, 작은 시장으로 이어지는 것이다. 시장마다 취급하는 품목의 특성이 나타나기도 한다. 평성시에 있는 옥전시장은 의류 및 가공업 부자재시장으로, 혜산시장은 외국산 잡화시장으로 유명하다. 이는 각 지역의 특성에 따른 것이기도 하다. 통일연구원 등에 따르면, 북한 전역에 있는 종합시장은 약 400~500개로 추정된다.

이제는 무시할 수 없는 영역으로 자리 잡은 북한 시장은 앞서 살펴보았듯이 단순히 주민들의 생존 행동에 따라 커진 것은 아니다. 경제난이 결정적인 영향을 미치긴 했지만, 이전에도 시장은 존재했고 변하고 있었다. 즉, 북한의 제도, 국가의 대응, 주민의 움직임 등이 서로 영향을 미치며 현재의 모습에 이르게 된 것이다.

'고양이 뿔' 빼고 다 있다!

"고양이가 뿔이 없잖아요.
그래서 고양이 뿔 말고는 장마당이 없는 것이 없다는 거죠."
RFA(2019. 2. 22)

이제 시장 안에 있는 물건에 관심을 돌려보자. 북한 시장에서는 무엇을 팔까? 초기의 장마당에는 주로 산나물, 명태 같은 농수산물이 거래되었다. 그러나 현재는 쌀, 보리 등 곡물류부터 반찬이나 간식 등 조리식품, 의류, 신발, 가전제품, IT 제품까지 셀 수도 없는 품목들이 시장에서 판매된다. 고양이에겐 뿔이 없는데, 북한의 시장엔 '고양이 뿔 빼고 다 있다'라고 표현될 정도니 정말 수많은 상품이 시장에 있는 것이다.

종합시장에 가면 종류별로, 품목별로 매대가 구성되어 있다. 소득 수준이 높은 사람들은 LED TV, 냉장고, 세탁기 등의 물건도 구매한다. 물론 이들이 찾는 것은 가격이 높더라도 한국산, 중국산, 일본산, 미국산 등 품질 좋은 외국 상품이다. 이처럼 북한 시장에는 다양한 품목뿐만 아니라 여러 국적의 물건들이 거래된다.

그렇다면 이 많은 상품은 어디서 왔을까? 90년대에는 북한이 무엇을 생산할 만한 상황이 아니었으니, 시장 물건의 대부분은 중국 상품이었다. 개인이 밀무역한 상품과 당시 무역이 허용됐던 정부, 군, 지방 산하기관의 수입 물품 중 일부가 시장에서 거래되었다. 아울러 주민들이 가꾼 농산물이나 채취한 임산물, 개인이나 8.3 부업반에서 만든 다양한 제품들, 나아가 공장에서 훔친 물건도 거래되었다.

시장이 발전하면서,
배급으로 똑같은 물품을 썼던 주민들은
시장 물건들과 비교하며 자신만의 선호를 찾게 되었다.
이렇게 북한 주민들은 더 좋은 물건을 원하게 되고,
상인들도 수요에 맞게 새로운 상품을 공급하며
시장이 발전할 수 있었다.
결국 중국산 외에도 한국산, 일본산 등이 시장에 유입되었고,
드물게 미국, 유럽에서 온 물건들도 매대에 등장하였다.
최근에는 동남아 상품도 찾아볼 수 있다고 한다.

북한에서 외국산 물건들이 각 나라와 직접 무역을 통해 공식적으로 수입되는 경우는 극히 드물다. 북한 시장에 있는 외국상품들은 여러 나라를 거쳐 북한의 항구 또는 많은 경우 신의주와 같은 북중 접경도시를 통해 들어온다. 예를 들어 의류가 대량으로 유통되는 경우, 인접국에서 재고 처리한 의류들이 섞이고 압축되어 톤(t) 단위로 중국-북한 세관을 통

과해 들어온다. 북한에서 의류 장사를 하는 사람들은 이렇게 압축된 톤
(t) 단위 의류 덩어리를 구매하는 것이다. 여기에는 중국제품이 있을 수
도 있고 한국제품이 있을 수도 있다. 따라서 장사하는 사람들은 이를 '운
수 놀음'이라 한다. 만약 의류 더미에 한국제품이 많으면 대박이고, 중
국제품이 많으면 본전도 찾지 못하기 때문이다.

시장에 외국산 물품이 많아지면서 북한 주민들은 자국 상품보다는 외
국산을 선호하게 되었다. 북한의 공장과 기업소에서도 중국에서 물품을
들여와 재가공하니 북한산은 쓸모가 없어졌다는 인식이 강하게 자리 잡
게 되었다. 이에 북한 당국은 시장에서 외국산 물품을 팔지 못하게 단속
하는 한편 국산 물품 사용을 장려하는 운동도 진행했다.

북한의 기업소들도 주민들의 수요에 맞게 제품의 질을 높이고 품목을
다양화하는 등 품질개선에 나서고 있다. 이렇다 보니 요즘은 북한산 제
품도 인기라는 증언도 있다.

"제가 듣기로는 신의주 장마당이 몇 년 전보다 훨씬 더 좋아졌다고 한다. 이제
는 북한산이 더 좋기 때문이라는 것이다. … 예를 들어, 예전에는 중국산 빵의
질이 좋지 않아서 북한 사람들이 사 먹지 않기 때문이다."

"예전에는 북한산 화장품이 민망할 정도로 질이 좋지 않았다. 그런데 최근에는
화장품도 얼마나 정교한지 모른다. 중국산 포장보다도 훨씬 좋다. 북한 물건이
많이 발전되었다."

북한경제연구부, 「KDI 북한경제리뷰」 (2018. 1)

장사하려면 세금을?

한국에서 4월 1일은 만우절이다. 북한에서는? 세금이 공식적으로 폐지된 날이다! 북한은 1974년 세금 제도를 완전히 폐지하겠다고 공포하고, 이후 세금이 없는 유일한 나라로 선전해왔다. 그러나 현재 북한을 본다면, 4월 1일이 세금 폐지의 날이자 만우절인 것은 참 재미있는 우연이 아닐 수 없다. 종합시장에서 장사하는 사람들이 '장세(장마당 세금)'를 낸다고 하니 말이다. 장세는 북한 주민들이 시장을 '장마당'으로 부르기에 붙여진 명칭으로, 공식용어는 '시장사용료'와 '국가납부금'이다.

▲ 시장 상인들은 시장사용료와 국가납부금을 내야 한다.

북한 당국이 종합시장을 합법화하고 규격화했다는 의미는 시장 매대를 관리하며 세금을 징수할 수 있게 되었다는 것이다. 사실 북한은 90년대 우후죽순 생겨난 장마당에서도 '국수 장수는 하루에 10원, 두부 장수는 3원' 식으로 자릿세를 받으며 사실상 조건부 장사를 허가했었다. 그러다 2003년 시장을 합법화하면서 설비를 규격화, 표준화하고, 시장에 참가하는 주체들에게 돈을 받은 것이다. 그중 가장 대표적인 것이 상인들에게 받는 '장세'이다.

시장에서 장사하는 상인들은 시장사용료(매대 이용료)를 내고 소득에 따라 국가납부금(개인 수입금)도 납부해야 한다. 시장사용료는 매대 면적과 위치를 고려하여 책정되며 각 시장관리소에서 관리한다. 국가납부금은 품목마다 소득마다 다르게 책정되며 납부한 돈은 시, 군 인민위원회의 재정부에 귀속된다. 장세는 시장관리소의 시장관리원이나 은행에서 나온 집금원이 걷는다.

시장관리소는 종합시장 내 상품 판매와 관련된 단속과 통제를 담당한다. 시장관리소에 소속된 시장관리원은 장세를 징수하는 역할을 담당해 장세 관리원이라고도 불린다. 시장관리원은 해당 지역의 인민위원회에서 선발하는데 보통 국가유공자나 퇴직 간부인 경우가 많다고 한다. 최근에는 시장관리원이 말 그대로 관리만 하고, 매대마다 반장 역할을 하는 사람들이 장세를 걷어 전달하기도 한다. 국가납부금은 각 인민위원회의 재정과에서 담당하기에 은행에서 나온 집금원이 걷어가기도 하며, 시장관리원이 대신 걷었다가 각 인민위원회 재정기관에 전달하기도 한다.

종합시장 주변 혹은 중심가 뒷골목에 자리 잡은 허가 받지 않은 시장, 이른바 '메뚜기 시장'도 시장관리원의 관리 대상이다. 메뚜기 시장은 단속을 피해 메뚜기처럼 이곳저곳을 옮겨 다니며 장사해 붙여진 이름이다.

90년대에도 메뚜기 시장이 있었지만
당시에는 당국의 불법 상행위 단속을 피해 도망 다녔다.
이제는 합법화된 시장에서 장세를 내지 않아 단속 대상이 되었다.

요즘 메뚜기 시장은 종합시장 내에 매대를 갖지 못한
혹은 장세를 피해 장사를 하려고 하는 상인들이
시장 주변에서 물건을 파는 곳이다.

그렇다면 시장에서 걷히는 장세는 얼마 정도일까? 장세는 지역, 시장의 종류와 규모, 상품의 종류에 따라 각각 다르다. 통일연구원은 북한 시장환율을 적용했을 때 하루에 최소 17만 4,525달러, 최대 22만 2,604달러의 장세를 징수하고 있다고 보았다. 이는 연간 최대 6,945만 2,448달러에 달한다. 2018년 미국의 전략국제문제연구소(CSIS)는 북한이 연간 장세로 5,680만 달러의 수익을 올리는 것으로 보았다. 추정치에 조금씩 차이가 있지만 우습게 볼 금액이 아님은 확실하다.

북한 당국은 이 세금으로 종합시장도 운영하지만 대부분 국가 재원으로 흡수한다. 이것이 의미하는 것은 무엇일까? 국가가 시장을 인정했다는 것을 넘어 활용하고 있다는 것이다. 90년대 이후 활성화된 시장이 점차 커지면서 여기서 나오는 이익은 막대해졌다. 북한 당국은 시장을 계속 불법적인 영역에 두고 통제하기보다는 시장을 인정하고 관리하며 그 이익을 국가가 챙기기로 한 것이다. 이를 통해 중앙정부와 지방 행정기관의 재정을 유지하고, 시장을 통해 주민들의 일탈 행위도 막으려 했다. 이렇게 북한의 시장은 체제 유지에도 영향을 미치고 있으니 시장의 확대를 단순히 '시장이 커졌다'라고만 볼 수 없게 되었다.

시장을 움직이는 '돈주'

Donju are princes of North Korean economy INSIDE Korea ...
koreajoongangdaily.joins.com › news › article › article ▾ 이 페이지 번역하기
Donju are princes of North Korean economy. Oct 10,2018. To commemorate the 53rd
anniversary of its founding, the JoongAng Ilbo is running a special series ...

[News analysis] The "masters of money" behind North Korea's ...
english.hani.co.kr › english_edition › e_northkorea ▾ 이 페이지 번역하기
2019. 2. 6. - The key to solving this riddle lies with North Korea's emergent entrepreneurial class,
the **donju**, literally meaning "masters of money.".

How the North Korean state could make life easier for the ...
https://www.nknews.org › pro › how-the-north-korean... ▾ 이 페이지 번역하기
2019. 7. 18. - How the North Korean state could make life easier for the "**Donju**". DPRK
policymakers have a range of ways to expand opportunities for the ...

Photos show the privileged lives of North Korea's new elite ..
https://www.vice.com › en_ca › article › photos-show-... ▾ 이 페이지 번역하기
2016. 11. 16. - Today, Madden said, the **donju** have a sort of symbiotic relationship with Kim
Jong-un's regime, which allows them to exist in exchange for ...

The rise and rise of North Korea's 'money masters'
theconversation.com › the-rise-and-rise-of-north-kore... ▾ 이 페이지 번역하기
2015. 10. 18. - North Korea's **Donju** have acquired a degree of wealth such that they can invest
in larger enterprises. Reuters/Carlos Barria ...

▲ Google에서 검색된 'Donju'

북한에는 '돈의 주인'이라고 불리는 사람들이 있다. 바로 '돈주'다. 돈
주는 신흥 부유층을 일컫는 말로 돈 많은 부자를 지칭하지만, 돈주가 여
러 사업에 자본을 투자하다 보니 북한의 자본가로도 인식된다. 검색창에

서 '돈주' 또는 'Donju'를 검색해보면, '장마당의 큰 손', '북한 재벌', '北 경제를 틀어쥔', '북한 경제의 왕자', '돈의 주인(money master)', '가장 명망 있는 직업' 등으로 그 존재를 설명하고 있다.

그렇다면 돈주는 어떻게 탄생했을까? 돈주로 성장한 자산가들의 경로는 다양하다. 먼저, 1970년대 후반 권력 기관의 무역 회사와 연결되어 대외무역에 종사하던 사람들이 있었다. 이들은 권력 기관의 시장 활동 대리인으로 무역업무를 담당했는데 이 과정에서 개인 외화벌이를 함께 하며 부를 축적했다. 두 번째로 장마당 출신이다. 1990년대 경제위기로 장마당이 확산되는 과정에서 장사에 수완이 좋은 사람들이 부를 축적하며 돈주로 성장한 사례다. 마지막으로, 일찍이 북한에 외국 물품을 들여오거나 환전 사업을 해왔던 재일교포나 화교 중에서도 돈주로 성장한 사람들이 있다.

다양한 경로로 성장한 돈주는 권력형 – 일반형, 무역형 – 장사형 등 사업 형태나 특징 등에 따라 다양하게 나눌 수 있다. 최근에는 '새끼 돈주'들을 거느리는 '기업형' 돈주까지 등장했다고 한다. 최근 시장의 발전과 변화는 돈주들의 투자에도 영향을 미치고 있다. 물건의 흐름에 따라 여러 지역을 잇는 유통업, 버스 구실을 하는 '써비차'와 대도시에 등장한 택시로 대표되는 운수업, 돈을 굴리는 사채업, 사람을 고용하는 인력업, 그리고 최근에 어려움을 겪고 있지만 여전히 돈주의 주된 투자업종인 무역업 등 다양한 영역에 돈주의 투자가 확대되고 있다.

북한 경제의 거의 모든 분야에서 돈주의 영향이 나타난다.
시장이 굴러가는 데 필요한 핵심 업종들을 넘어

자본이 필요한 어떤 곳이든
돈주가 개입되어 있다 해도 과언이 아니다.
최근에는 부동산과 건설 분야에서
돈주들이 영향력을 행사하고 있는 것으로 알려졌다.
'평양의 맨해튼'이라고 불리는 여명거리가
공사 시작 1년 만에 완공될 수 있었던 것도 돈주 덕이라는 것이다.
돈주가 건설비용을 투자하고
북한에서 구할 수 없는 건축 자재를 조달하는 등
사실상 건설을 맡아 하면서 공사 기간이 짧아진 것이다.
대신 돈주는 국가에서 일부 건물 사용권을 받는 등
그만큼의 특혜를 보장받게 된다.

돈이 많으면 모두 돈주로 불릴까? 각 나라에 중산층의 기준이 있는 것처럼, 북한에서도 돈주의 기준이 있다고 한다. 보통 우리 돈 1억 원 이상의 자본을 가진 사람을 돈주라고 하는데, 10억 이상을 자본금으로 가진 사람도 있다고 한다. 우리 돈으로 1억이지만, 달러로 하면 10만 달러, 북한의 물가를 생각하면 어마어마한 수준이라 하겠다.

이 정도면 돈주가 우리나라의 재벌과 같은 존재가 되지 않을까 생각하는 사람도 있을 것이다. 그러나 돈주는 국가의 통제를 벗어나진 못한다. 이들은 이런저런 이유로 국가로부터 착취당하기도 하고 재산을 몰수당하기도 한다. 돈주의 성장을 견제하기 위해 늘 국가가 '관리'하는 것이다. 결국 돈주는 늘 위험을 안고 있다. 국가는 돈주가 투자하는 기업의 문을 닫게 할 수도 있고 무역을 가능하게 하는 와크(무역 권리)를 박탈할 수도 있다. 심한 경우 간첩으로 몰아 체포하고 재산을 빼앗기도 한다.

상황이 이렇다 보니 돈주는 늘 권력의 눈치를 볼 수밖에 없다. 그러나 북한의 돈주와 권력의 결탁이 계속되고 있다는 점에선 과거 우리의 재벌과 비슷할 수도 있겠다.

▲ 돈주 덕에 1년 만에 완공되었다고 알려지는 북한의 여명거리 ⓒ〈연합〉

평양의 시장, 상점, 그리고 백화점

아시다시피 김정은 시대에 대규모의 거리와 유희오락시설, 그리고 현대화된 백화점과 상점들이 평양에 많이 건설되었습니다. 여기서는 제가 방문했던 통일거리시장과 미래상점, 그리고 대성백화점을 소개해 드리겠습니다.

통일거리시장

저는 2018년 5월에 평양의 통일거리시장을 방문할 수 있는 기회를 가졌습니다. 통일거리시장은 평양 최대의 종합시장으로 잘 알려져 있지만 외국인 관광객에게는 개방되지 않는 장소입니다. 저는 시장 내부를 들어갈 수 있다는 것에 매우 흥분됐지만 아쉽게도 내부 사진을 찍는 것은 엄격히 금지되어 있어 사진을 찍을 수는 없었습니다.

▲ 종합시장의 본보기로 지어진 평양의 통일거리시장

시장 내부는 몇 개의 통로로 나뉘어 있었고, 각 통로마다 분홍색, 초록색, 파란색 셔츠를 입고 있었는데 상품군에 따라 판매자들의 옷 색

깔을 구분한 것 같았습니다. 시장에서 물건을 파는 사람들은 대부분 중년의 여성들이었고 물건을 사는 손님들 또한 대부분 여성들이었습니다. 하지만 시장을 돌아다니는 동안 중국인과 중동인 등 장기체류자로서 특별히 방문이 허가된 외국인들도 만날 수 있었습니다.

　　통일거리시장을 여느 도시의 전통시장으로 생각하면 큰 오산입니다. 통일거리시장에는 중국과 일본, 그리고 유럽, 동남아시아 등 해외에서 들어온 물건들이 많았습니다. 저는 시장을 구경하다가 북한에서 이전에 본 적이 없는 망고를 보고 깜짝 놀랐습니다. 그것들은 중국에서 수입된 것이었습니다. 이 외에도 가정용품과 의류 매장이 있었고 수산물과 김치 등 농산품 매장도 다양하게 운영되고 있었습니다.

미래상점

▲ 미래상점의 원자모형 테이블

저는 2018년 10월에 미래상점을 방문했습니다. 미래상점은 2012년에 문을 열었다고 하는데 이곳은 그 이름에서 알 수 있듯이 특별히 과학자들에게 편의를 제공하는 곳이었습니다. 과학자들은 직장에서 받은 쿠폰을 이용해 물건을 구입할 수 있다고 합니다.

　　미래상점에는 전자제품부터 향수까지 다양한 수

입품과 함께 선글라스, 악기, 의류 등 북한에서 생산된 제품들이 진열되어 있었습니다. 상점 곳곳에 원자(atom)를 형상화한 조형물들이 곳곳에 설치되어 있어 흥미로웠습니다.

대성백화점

마지막으로, 저는 2019년 5.1 노동절에 동평양에서 새롭게 등장한 대성백화점을 방문했습니다. 대성백화점은 2019년 4월 15일 태양절에 전면적으로 리모델링한 모습으로 재개장 했습니다.

김정은 위원장이 현지지도해 극찬했을 정도로 현대화된 백화점으로 탈바꿈되어 있습니다. 대성백화점은 지하 1층, 지상 5층

▲ 대성백화점 입구 모습

규모로 1층에는 슈퍼마켓이 있고, 2층과 3층에는 상점이, 그리고 4층에는 식당이 자리잡고 있습니다.

대성백화점에는 정말 없는 것이 없을 정도로 다양한 물건이 전시되어 있는데요. 특히 대북제재가 계속되고 있는 상황에서도 해외에서 들여온 상품이 많이 전시되어 있어 놀랐습니다.

▲ 대성백화점 기성복 매장

▲ 대성백화점 아동복 매장

▲ 대성백화점 '슈퍼마케트'의 모습

　　화장품 매장에 샤넬이, 전자제품 매장에는 필립스의 평면 TV가 스포츠 웨어 매장에는 아디다스의 운동화가 인기를 끌고 있었습니다. 대성백화점은 이전에 없던 현대화된 백화점으로 리모델링 되어 있어 흥미로웠습니다.

속사정

이쯤 되면 시장에는 없는 것이 없고, 사람들은 시장에서 비싼 물품까지 자유롭게 구매하니 모든 주민이 시장을 통해 잘 먹고 잘 사는 것처럼 느껴진다. 그러나 형편이 좋지 않은 사람들은 여전히 힘겨운 삶을 살아간다.

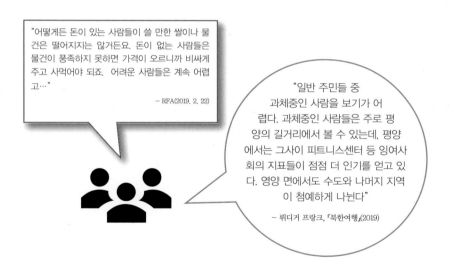

"어떻게든 돈이 있는 사람들이 쓸 만한 쌀이나 물건은 떨어지지는 않거든요. 돈이 없는 사람들은 물건이 풍족하지 못하면 가격이 오르니까 비싸게 주고 사먹어야 되죠. 어려운 사람들은 계속 어렵고…"

– RFA(2019. 2. 22)

"일반 주민들 중 과체중인 사람을 보기가 어렵다. 과체중인 사람들은 주로 평양의 길거리에서 볼 수 있는데, 평양에서는 그사이 피트니스센터 등 잉여사회의 지표들이 점점 더 인기를 얻고 있다. 영양 면에서도 수도와 나머지 지역이 첨예하게 나뉜다"

– 뤼디거 프랑크, 『북한여행』(2019)

시장의 변화, 표면적으로 향상된 생활 수준, 자본주의 방식의 결제, 이런 것들은 대부분 평양 등 대도시를 방문한 사람들이 들려주는 이야기들이다. 시장이 발전한 평양과 지방 대도시, 접경 지역을 제외한 다른 지역들은 여전히 어려운 환경인 곳도 있다. 실제로 탈북자들의 이야기를 들어보면 지역마다 생활 수준과 경험했던 시장의 모습도 제각기 다르다. 그러나 사람들은 대부분 발전한 북한의 모습을 보고 이야기한다. 그러니 이 책을 읽은 분들은 꼭 기억해주길 바란다. 우리는 북한을 방문해 모든 것을 확인할 수 없다. 외부로부터 전달된 작은 파편들이 북한의 모든 것을 설명해주진 않는다. 우리가 전해 듣지 못하고 보지 못한 북한의 모습이 어딘가에 존재할 수 있다.

우리는 시장의 자율성에 가려진
억압성 또한 면밀하게 살펴야 한다.
시장의 상인들에게는 그들을 관리하는 관리자가 있고,
시장을 움직이는 돈주가 있다.
돈주 위에는 그들의 활동을 제도적으로 옹호해주고
와크 등의 실질적 권리를 배분하는
무역회사와 국가기관들이 있다.
나아가 이를 관리하는 당의 핵심부서들이 있고
최종적으로는 최고 지도자의 절대권력이 있다.

이런 속사정은 북한의 계층구조와 맞물려 있다. 애당초 북한의 평범한 주민들이 북한의 조선노동당과 인민군, 행정부에서 주요한 역할을 맡을 수 없다. 시장관리원조차 일반 주민에게 주어질 수 없는 직책이다. 결국, 시장을 활용할 수 있는 범위나 시장으로부터 얻는 수익은 근본적으로 차이가 날 수밖에 없다. 통일연구원에 따르면, 종합시장에서 매대를 가지고 장사하는 주민들은 위계적 구조의 맨 아래에, 계층으로 보면 중

간계층에 속한다. 이들의 이익은 상위 계층에 따라 좌우되는 것이다. 북한에서 자원, 권력, 정보를 가지고 시장을 중심으로 질서를 만들어내는 사람들은 결국 시장 안에 있는 주민이 아닌 권력층이다.

현재 북한 시장화는 당의 정책을 빼고 이야기할 수 없다. 현상과 결과가 어떻게 나타나든 시장은 당(권력)과 유기적으로 연결되어 작동하고 있다. 이런 상황에서 우리는 시장 확대라는 현상을 단순히 바라보는 것을 넘어 '과연 북한의 시장은 누구를 위한 것인가?'라는 질문을 던져야 한다.

VII
Stage
무대

무대 위로

무대란, '노래나 춤, 연극 따위를 하기 위해 객석 정면에 만들어 놓은 단'을 말한다. 북한에서도 이와 비슷한 의미로 '음악, 무용, 연극 같은 것을 공연하기 위해 사람들이 구경할 수 있는, 정면에 특별히 만든 장소'라고 정의한다.

무대는 일상에서 다양한 형태로 경험되는 공간이다.
매일 아침 출근길,
선전대가 혁명가요를 열창하는 공장의 앞마당
소학교 학생들의 장기자랑이 펼쳐지는 잔디밭
그리고 주민들이 총동원되어
'아리랑' 공연이 펼쳐지는 5.1경기장까지
북한 주민들은 크고 작은 무대에 다양한 방식으로 스며들며
그들만의 이야기를 만들어낸다.

정형화된 무대의 경우 주로 극장과 함께 존재한다. 북한에는 다양한 목적으로 건립한 극장들이 많은데 그만큼 극장에서 펼쳐지는 공연의 종류도 다양하다. 이 중에서 음악공연은 북한의 극장에서 가장 많이 연출되는 대표적인 장르라 할 수 있다.

▲ 정형화된 북한 무대의 모습 ⓒAlek Sigley

　북한은 국가를 대표하는 악단을 '국보급 악단'이라 칭하는데 국가의 '보물'과 같이 중요한 악단을 말한다. 북한의 지도자는 이 악단들의 창립과정에 직접 관여하기 때문에 국보급 악단의 탄생에는 정치적 목적이 숨겨져 있다. 북한에서 음악은 선전·선동 수단으로 활용되는 만큼 다양한 형태로 인민들의 삶 속에 투영된다.

　무대공간에서는 다양한 주체들이 퍼포먼스의 향연을 펼친다. 여기서는 음악을 중심으로 무대라는 공간이 갖는 어떻게 구성되고 북한 사회에서 어떤 의미를 갖는지 이야기해보려 한다.

인민들의 무대

우리 민족에게 노래는 늘 일상의 한 부분으로 함께해 왔다.
연령, 소속, 공간 등에 따라 가지각색으로 불리는 노래들은
시대와 함께 변화하였고,
같은 노래를 불렀던 남북의 노래에도 변화를 가져왔다.
북한에선 노래가 선전선동의 수단으로 활용되고 있다.
정치적 목적에 따라 다양한 형태와 방식으로
주민들의 삶 속 깊숙이 자리하고 있다.
그럼에도 북한 주민들도 우리만큼 노래를 사랑하고 즐겨 부른다.
장단에 맞춰 노래를 부르는 곳, 그곳이 인민의 무대가 된다.

북한의 '텔레비죤' 프로그램 중 노래 무대는 단연 주민들의 사랑을 독차지하는 장르이다. 특히 깜찍한 유치원생들이 등장하는 프로그램은 시청자들을 더욱 사로잡는다. 북한은 매년 아동들이 무대를 꾸미는 '전국아동음악방송예술무대'를 조선중앙TV로 방영하고 있다. 이 공연은 유치원 부문과 학생소년 부문으로 나뉘어 출연하는데 조선중앙TV는 각 조별 공연 실황을 방송으로 송출한다.

북한 주민들은 회사에서도 노래를 부른다. 북한의 당 기관지 「로동신문」은 근로자들이 직장에서 노래하는 모습을 종종 사진기사로 소개한다.

북한의 직장에는 '예술소조'가 조직되어 노래 보급 사업이 이루어진다. '소조'란 비전문가들로 조직된 작은 집단을 말한다. 북한의「조선말대사전」에 서는 '예술소조'를 "인민대중을 당정책으로 교양하고 그 관철에로 힘있게 불러일으키기 위하여 예술에 소질이 있는 사람들로 조직한 소조"라고 정의한다. 이들에게 직장의 앞마당이나 식당, 작업장의 쉼터가 무대가 된다. 우리의 동아리와 비슷하지만, 당의 통제를 받는다는 점에서 자유롭지 못하다.

농촌과 같은 노동 현장에서도 노래는 빠질 수 없다. 누군가 먼저 선창을 하면 누구 할 것 없이 자연스럽게 노래가 뒤를 잇는다. 일할 때는 노동요로, 휴식을 취할 때조차 악기연주에 장단을 맞춰 노래를 부른다. 고된 노동 속에서도 함께 일하며 노래로 흥을 돋우었던 우리 민족의 문화는 남과 북에 여전히 남아 있는 듯하다.

각 단위의 노래꾼들이 모여 경연을 벌이는 무대도 있다. 바로 북한판 '전국노래자랑'이라고 할 수 있는 북한 프로그램 '전국근로자들의 노래경연'이다. 이 프로그램은 노동자, 농민, 사무원, 대학생, 가정부인, 가족 등 총 6개 분야로 나누어 경연을 펼친다. 출연자들은 하루아침에 일약 스타가 되기도 하고, 실제 가수로 데뷔하기도 한다. 그중에서도 대학생 경연은 인기가 많아 다른 경연그룹보다 더 많은 인원이 참가하고 그만큼 경쟁도 치열하다.

▲ 전국 근로자 노래경연에서 공연하는 평양시 은하지도국 사무원들 ⓒ〈연합〉

　대학생 경연의 경우, 독창과 중창으로 나뉘어 경쟁하는데 실제 음악을 전공하는 학생들이 출연하는 경우가 많아 출전자들 간 견제가 상당하다고 한다. 경연에서 수상하게 되면 소속 음악대학의 명예와 직결되기 때문에 참가 대학생뿐만 아니라 이들을 지도하는 각 대학 교원들도 열성을 다해 경연을 준비하게 된다.

　대학생 경연의 경쟁이 치열하다보니
　일부 대학은 노래경연을 위한 준비과정을
　학생들이 전공 실기 수준을 높이는 과정으로 활용하기도 한다.
　또한 경연 출연 이후 전문예술단체 배우로 발탁되기도 해
　실제 북한의 배우 등용문으로 여겨지기도 한다.

　간혹 남한에 정착한 북한이탈주민들을 만나보면 누구 할 것 없이 모두가 재주꾼들이다. 노래는 기본이고 악기 하나 정도는 수준급으로 다루는 경우가 많다. 북한 주민들이 '가무'에 특별한 재능을 가지게 된 이유는 무엇일까?

　북한은 1970년 11월 조선노동당 제5차 대회를 통해 사상, 기술, 문

화의 3대혁명을 전사회적으로 확산시킬 것을 강조했다. 여기서 문화혁명의 일환으로 음악의 대중화가 추진되었고 한 사람이 한 가지 이상의 악기를 다룰 수 있도록 1인 1기 배우기가 초등교육부터 자리 잡게 되었다. 이런 과정을 통해 북한에서 음악은 고급문화가 아닌 누구나 즐길 수 있는 대중적인 것이 되었다.

▲ 기타를 배우는 아이들 ⓒ〈연합〉

이렇게 1인 1기가 생활화된 북한 주민들은 직장에서, 군중동원의 현장에서, 오락회와 결혼식장 등에서 노래와 악기를 연주하며 자신만의 무대를 만들어낸다. 북한 주민들의 애창곡은 전시가요부터 정책가요, 생활가요, 유행가, 영화주제가, 송가(지도자를 찬양하는 노래)까지 다양하다. 한국의 대중가요가 '중국가요'로 소개되어 심심찮게 불려진다는 사실은 그만큼 남북이 노래에 담긴 정서에서 통하는 것이 있다는 것을 보여주는 듯하다.

북한 노래의 가사들은 대부분 정치적인 내용과 선동적인 구호가 담겨 있다. 하지만 북한 주민들은 노래 가사에 주어진 정치적 의미 못지않게 선율에 담긴 감정을 느낀다. 지치고 힘든 날들 속에서 노래로 위안을 삼고 서로의 고통을 나누었던 것이다. 그렇게 사람들이 있는 모든 곳, 북한의 일상생활 속, 모든 장소가 바로 무대가 되었다.

시대를 풍미한 인기가수

　조용필, 심수봉, 김광석, 서태지, 그리고 소녀시대와 블랙핑크, 방탄소년단까지, 한국에서 한 시대를 풍미한 인기가수들은 우리 사회의 애환과 시대상을 상징하는 아이콘이었다. 그렇다면 북한에서 시대를 풍미한 인기가수는 누가 있을까?

▲ 보천보전자악단의 가수로 휘파람으로 잘 알려진 전혜영 -2015 예술공연 '추억의 노래'에서 열창하고 있다. ⓒ〈연합〉

　북한의 인기가수라 하면, 보천보전자악단의 여성 가수 다섯 명의 이름을 빠뜨릴 수 없다. 보천보전자악단은 1985년 김정일의 지시로 만들어진 전자악단으로, 남성 전자기악조와 여성 가수들로 구성되었다. 김광숙, 전혜영, 조금화, 리분희, 리경숙은 보천보전자악단의 대표 가수로, 이들은 자신만의 대표곡을 모아 독창곡집을 발표할 정도로 인기와 실력을 겸비한 인기가수였다.

노래는 주로 민요와 송가, 일상적 삶과 사랑을 노래한 생활가요 등을 주로 불렀다. 외국과의 친선공연에서는 해당 국가의 노래를 부르기도 하는데 '말리노브까', '스무글랸까' 등의 러시아 노래부터, '난니완', '얼랑산을 노래하네' 등 중국노래와 '쯔가루해협의 겨울풍경', '야스기부시' 등 일본노래, 그리고 '알로하 오에'와 '브라저 루이'까지 레퍼토리도 다양했다.

보천보전자악단의 가수들은
각자 자신만의 개성을 자랑한다.
그중에서도 전혜영은 '휘파람'이라는 노래로
우리나라에도 잘 알려진 가수이다.
요즘 유행하는 걸 그룹에 못지않을 만큼
당시 보천보전자악단의 가수들은 각기 다른 매력으로
북한에서 나름의 팬 층을 형성하며 인기를 끌었다.

스타는 멋진 라이벌과 함께 성장한다. 당시 보천보전자악단과 함께 경쟁 구도를 형성했던 '라이벌'은 왕재산경음악단이었다. 왕재산경음악단은 보천보악단의 창립보다 이른 1983년에 만들어졌다. 특이한 것은 왕재산경음악단이 보천보전자악단과 같이 전자악기(기악조)를 주로 연주하면서도. 무용조가 중심이 되는 종합공연 형태의 악단이었다는 점이다.

두 악단은 창단 이후 1990년대부터 본격적인 활동을 시작해 2000년대 초중반까지 한 시대를 풍미했다. 이후 두 악단 멤버들은 2015년 당 창건 기념공연 '추억의 노래'를 계기로 다시 무대에 섰다. 추억의 '명곡'을 통한 추억의 '소환'이었다.

▲ '북한의 소녀시대'로 한국에서도 잘 알려진 모란봉전자악단 공연모습 ⓒ〈연합〉

그렇다면 새로운 시대, 김정은 시대를 이끌고 있는 인기가수는 누구일까?

이들은 바로 2012년 등장해 선풍적인 인기를 끈 모란봉전자악단과 2015년 등장한 청봉악단, 2020년 등장 이후 김정은 위원장의 찬사를 받고 있는 국무위원회연주단이다.

먼저 모란봉전자악단의 경우 전자악단이라는 기본 형식에서 기존 연주자들이 남성이었던 것과 달리 악단 전원을 모두 여성으로 구성해 차별화를 시도하였다. 이에 맞서는 청봉악단의 경우 창립 초기에는 클래식 현악을 중심으로 이브닝드레스를 착용해 우아하고 고급스러운 이미지를 강조했으나, 2016년부터 스커트로 통일된 단복으로 의상이 바뀌고 댄스곡을 레퍼토리로 구성하는 등 모란봉전자악단에 맞서는 현대적인 콘셉트로 대응하였다.

2016년 청봉악단이 새로운 콘셉트로 첫 무대를 올렸을 당시 모란봉전자악단과 합동공연을 펼쳤다. 두 악단이 한 무대에서 '댄스 배틀'을 연상케 하는 공연 대결을 펼쳤던 것이다. 이 두 악단들은 과거 보천보전자악단과 왕재산경음악단이 라이벌 구도를 형성했던 것처럼 김정은 시대를 대표하는 대중음악 그룹으로서 선의의 경쟁을 이어가는 모습을 보여주었다.

국무위원회연주단은 2020년 1월 25일 설명절기념공연에서 공훈국가합창단과 함께 처음 등장했다. 국무위원회연주단은 국무위원회 산하 연주단으로, 2020년 열병음악회를 개최하는 등 공식행사에서 의장대 행렬 의례 및 의식 음악 연주를 담당하며 국가 대표 악단으로 자리매김하고 있다.

무대 위의 변화들

북한에서 정권이 수립된 직후, 초기 북한의 공연무대들은 제대로 모습을 갖추지 못했었다. 당시 북한을 대표하는 극장으로 모란봉극장이 건립되었으나 전쟁으로 붕괴되었고 배우들은 전쟁터를 무대 삼아 위문공연을 펼쳐야 했다. 전후 모란봉극장이 재건되고 1946년 평양가무단을 모체로 1969년 9월 조직된 종합예술단체인 '만수대예술단'이 이곳을 전용극장으로 사용하였다.

북한에서 본격적으로 무대가 발전하기 시작한 것은 1970년대 '가극혁명'이 일어난 때부터이다. 1970년대 북한에서는 가극을 중심으로 모든 공연예술이 발전하였다. 가극에 활용되는 화려한 요소들을 모두 구현하기 위해 새롭게 등장한 것이 회전무대, 승강무대, 수평이동무대 등 움직이는 무대 장치들이다.

당시 도입된 움직이는 무대장치들은 1990년대 인기를 끌었던 보천보전자악단과 함께 다시 빛을 발하였다. 1985년 김정일의 지시로 결성된 보천보전자악단은 전자음악을 내세운 만큼 전자악기 연주자들이 부각된 무대가 등장하였다.

남성 전자악기 연주자들과 여성 가수들은 무대 위의 움직이는 구조물을 통해 무대에 등장했고 무대배경과 바닥에는 화려한 전구조명 장식이 설치되었다. 또한 무대 상단에 설치된 전광판을 통해 해당 곡의 제목,

▲ 관객과 가까워진 북한의 무대 모습 ⓒ〈연합〉

작사, 작곡가, 가수 이름, 가사 등이 관객들에게 소개되었다. 이전에 가극의 엄숙한 분위기가 주를 이루던 무대와는 다른 새로운 무대기법이 시도된 것이다.

또한 2009년 삼지연악단이 새롭게 탄생하면서 자막모니터와 전광판을 무대 위에서 적극적으로 활용하기 시작했다. 삼지연악단의 초기 무대에서는 상단 전광판 외에 무대 정면 양쪽 끝에 모니터를 추가로 설치해 공연을 해설하는 등 진화된 무대를 선보였다.

전통적인 북한의 극장 무대는 대부분 프로시니엄 형태를 띠고 있었다. 프로시니엄 형태는 무대를 액자형으로 구성하는 것으로 관객들이 공연을 수동적으로 받아들이게 한다.

하지만 최근 북한의 무대는 관객들과 점점 가까워지고 있다.
원형무대와 관객석 앞쪽으로 돌출된 구조물을 통해
무대가 개방되기 시작하고
실내에서 야외로 무대가 옮겨가면서
배우와 관객들의 거리가 좁혀지기 시작한 것이다.
관객들은 공연 중 배우의 즉흥적인 제안으로
관객석을 벗어나 공연에 참여하는 모습을
종종 보여주기도 한다.

김정은 시기부터 무대를 구성하는 색다른 시도도 엿볼 수 있다. 2012년 모란봉전자악단의 시범 공연에 등장한 디즈니 인형 탈은 북한의 개방 의도로 해석되며 많은 주목을 받았다. 또한 대형 LED 스크린을 통해 배경 영상과 사진 등을 연출하면서 다양한 메시지를 전달하는 등 새로운 무대 연출을 시도하고 있다.

새로운 시대, 특별한 무대들

2012년 젊은 지도자, 김정은 위원장의 등장은 북한의 공연과 무대에도 새로운 변화를 가져왔다. 새로운 시대를 상징하는 다양한 공연들이 새로운 무대 위에서 개최되었다.

2012년 창립된 모란봉전자악단은 김정은 시대의 개막과 함께 문학예술의 '모범'이 되는 북한의 대표 악단으로 칭송받고 있다. 현대적 음악과 독특한 무대 구성, 도전적인 음악 형식으로 인기를 끌고 있는 모란봉전자악단은 류경정주영체육관에서의 공연을 통해 진가를 발휘한다.

류경정주영체육관은 평양시 류경동 보통강변에 위치한 건물로, 약 1만평 면적에 12,553석 규모를 갖춘 체육관이다. 이 체육관은 1998년 10월 체육관건설 및 민간급 체육교류에 관한 합의 이후 한국의 현대와 북한이 공동 건설해 2003년 10월 개관했다. 체육시설로 건설된 류경정주영체육관은 모란봉전자악단의 등장과 함께 화려한 조명과 대형스크린, 다양한 무대구조물을 설치하며 일반 대중가수들의 콘서트장을 방불케하는 공연장으로 변모했다.

모란봉전자악단과 함께 우리에게 잘 알려진 악단이 바로 삼지연관현악단이다. 삼지연관현악단은 2018년 평창 동계올림픽 축하 공연단으로, 현송월 단장이 악단을 이끌고 우리나라를 방문하며 스포트라이트를 받았다. 삼지연관현악단은 당시 남한 공연의 성공적인 개최로 김정은 위원

▲ 삼지연관현악단 극장 모습 ©〈연합〉

장으로부터 악기를 선물 받고, 관현악단 전용 극장을 개관하였다. 이 극
장은 원래 모란봉교예극장으로 사용되다가 삼지연관현악단 전용 극장을
위해 리모델링되어 2018년 10월 10일 새롭게 오픈하였다.

　삼지연관현악단 극장의 가장 큰 특징은 확성장치를 쓰지 않는 것을 뜻
하는 '생울림극장'이라는 점이다. 이 극장은 1,200석의 원형생음연주
홀, 녹음실, 창작실, 훈련실, 분장실, 사무실, 생활실, 식당 등으로 구
성되어있다. 삼지연관현악단은 대중공연과 함께 해외 공연단과의 친선
공연, 귀빈 환영 공연 등을 전용 극장을 이용해 진행하고 있다.

　삼지연관현악단 창립 직후 악단 전용 극장이 개관한 것은 북한에서 악
단의 위상과 국가의 전폭적 지원 의지를 대변한 조치라 할 수 있다. 북
한은 삼지연관현악단을 세계적 수준의 대표 오케스트라로 육성함으로써

대외적으로 문화국가 이미지를 부각시키고 있다.

김정은 시대 공연장의 또 다른 특징은 국가적 행사에서 파격적인 야외 무대가 활용된다는 점이다. 2014년 9월 28일 삼지연악단은 릉라인민 유원지에서 야외공연을 진행했다. 릉라인민유원지는 2012년 7월 25일 준공된 유원지로, 유희와 오락을 위한 '문화휴식터'로 김정은 부부가 준공식에 참가해 놀이기구를 타며 친서민 행보를 극대화한 장소이다.

> "부강번영할 조국의 래일을 앞당겨가는 보람찬 일터와 교정들에서 혁신의 탑을 높이 쌓고 문화휴식의 한때를 보내는 근로자들과 청소년학생,수도시민들이 공연을 보았다"
>
> 「로동신문」(2014. 9. 29)

야외무대에서 펼쳐지는 공연은 김정은 시대에 하나의 트렌드와 같이 지속되고 있다. 북한은 2015년 당 창건 70주년을 맞아 대동강 위에 1만 명 규모의 출연자들을 수용하는 대형 수상무대를 설치해 기념행사를 진행했다. 2015년은 당 창건 70주년으로, 정주년의 해 이자 김정일의 3년 상이 마무리되고 김정은의 본격적인 정치가 시작되는 첫해였다. 선대의 정통성과 업적을 부각하며 총 결산하는 시점임에 따라 1만 명 규모가 이례적으로 대형 수상무대에서 당 창건 기념공연을 진행하게 된 것이다.

이때 「로동신문」은 공연 장소에 대해 "주체사상탑을 중심으로 대동강에 우리나라 예술공연사상 처음으로 대형수상무대가 설치됨으로써 하늘과 땅, 강이 그대로 무대가 되고 관람석을 이룬 희한한 장관을 펼치였다"고 극찬했다.

2019년부터 새해에 진행되는 신년경축공연은 그야말로 북한 무대 활

▲ 김일성광장에서 열린 2021년 신년경축공연 모습 ⓒ〈연합〉

용의 파격을 보여주고 있다. 북한의 심장이라고 하는 평양, 그리고 그 중앙에 위치한 김일성 광장에서 신년경축공연이 개최된 것이다.

행사는 대형 무대와 스크린을 중심으로 현란한 조명과 레이저쇼, 드론, 불꽃놀이 등 다양한 무대효과로 가득했다.
북한 주민들은 현장에서 스마트폰으로 동영상 촬영을 하고 캐릭터 풍선 등 가지각색의 응원 도구를 들고 공연을 즐기는 등 그동안 북한에서 쉽게 볼 수 없었던 풍경들이 연출됐다.

2020년부터는 조명축전 〈빛의 조화〉라는 제명으로 미디어 파사드(media facade)를 선보였다. 이는 건물 외벽에 영상을 투사하는 방식으로, 북한은 평양제1백화점 건물 벽면을 스크린으로 활용하여 약 20여분에 걸친 영상을 제작했다. 영상 내용은 북한 내 주요기관 및 문화·관광 시설, 태풍피해와 수해복구사업 과정 등이 담겼다. 북한은 새로운 공연 형식을 통해 '다통로다중투영기술'이라는 기술을 부각시키며 자국의 기술 발전과 도약을 강조했다.

북한당국은 다양한 공연 효과, 최첨단 장비 등 변화된 무대를 통해 북한 주민들의 격상된 문화수준을 보여주며 자국의 성장과 발전을 강조하고 있다.

만경대학생소년궁전 공연관람기

저는 평양에서 많은 공연을 관람했는데 특히 인상에 남았던 공연은 평양의 만경대학생소년궁전 아이들의 공연이었습니다. 북한은 전국에 어린이 특기생들을 교육하는 시설들이 있는데 평양에는 중구역에 위치한 만경대학생소년궁전과 만경대구역에 자리잡은 만경대학생소년궁전이 있습니다. 두 곳은 북한에서 가장 우수한 인재들이 교육받고 또 공연하는 곳으로 유명합니다.

만경대학생소년궁전은 1989년 세계청년학생축전을 준비하는 과정에서 만경대구역 광복거리를 개발하며 함께 건설되었다고 합니다. 만경대학생소년궁전은 학생들이 방과 후에 소조활동을 할 수 있는 각종 시설이 마련되어 있으며 예술분야와 체육분야의 인재들을 양성하는 기관으로도 잘 알려져 있습니다.

▲ 로켓 탈을 쓴 배우가 등장한 만경대학생소년궁전 아이들의 무대

제가 관람한 공연은 어린이들이 세션별로 나누어 공연하는 형식이었는데 김정은 시대의 특색, 예를 들면 미사일 인형을 쓴 배우가 등장하는 모습이 기억에 남습니다.

▲ 김일성 수령의 초상화를 지킨 소년단원

특히 마지막 공연이 다소 충격적이었는데요. '선군시대 참된 소년단원' 유향림의 이야기를 담은 공연이었습니다. 유향림은 학교에 불이 났을 때 김일성 수령의 초상화를 지키며 자신을 희생한 소년단원이라고 합니다.

여느 북한의 공연이 그렇듯 무대는 김정은 위원장의 사진과 환호하는 아이들의 모습이 어우러지며 막을 내렸다. 어린이들의 공연이었지만 북한의 정치사상이 짙게 배어있는 공연이었습니다.

▲ 김정은 위원장의 사진과 함께 무대가 마무리 된다.

속사정

북한에서 국가행사 기념공연이 진행되거나 국보급악단이 공연을 펼치는 공연장은 늘 관객들로 가득 찬다. 국가기념일을 축하하기 위한 공연의 경우, 관객은 주로 행사와 관련된 주요 인사들이 참석하는 반면, 일반 대중공연에서는 개최지의 시민들이 참석하는 경우가 많다. 행사의 중요성에 따라 지도자와 주요 간부들이 공연장을 찾으며, 외국인 관광객들도 종종 관객석에서 모습을 비추기도 한다.

지도자가 참석하는 공연에서 지도자가 입장할 때 관객들은 일제히 자리에서 일어나 박수와 환호성으로 그를 맞이한다. 공연 중 무대 스크린에 지도자의 모습이 등장할 때도 자리에서 일어나 박수와 함께 '열렬한' 환호의 모습을 보여준다. 이러한 모습들은 지도자에 대한 충성심을 내비치는 하나의 공연장 관례로 자리 잡았다.

북한의 공연 실황을 녹화한 1990년대 영상을 보면, 말 그대로 '무대영상'만을 볼 수 있다. 공연영상은 관객석을 비추지 않고 무대 위 공연장면만을 딱딱하게 보여주는 것이다. 가끔씩 관객석을 비추더라도 무심한 얼굴의 관객들이 무대 위 공연을 그저 수동적으로만 감상하는 모습이 정적으로 스쳐지나갈 뿐이었다.

이런 정적인 광경은 무대의 구조와 관련되어 있다. 과거 북한 극장의 무대는 객석과 무대가 분리되어 액자형을 이루는 프로시니엄 형태가 대부분이었다. 결국 객석의 관객은 작품을 수동적으로 감상할 수밖에 없는 구조였던 것이다.

1990년대 북한에서 인기를 끌었던 보천보전자악단과 왕재산경음악단의 공연 무대 또한 전형적인 프로시니엄 형태를 띠었다. 공연 실황 녹화 영상에서도 카메라 앵글은 주로 무대만 비추며 관객석보다는 무대 위에 더 집중하는 모습을 보여준다.

하지만 김정은 시대에 새로운 변화가 시도되고 있다. 2012년 3월 8일 개최된 3.8부녀절 기념 은하수음악회가 변화의 기점이 되었다. 부녀절 공연에서 관객들은 공연 도중 자리에서 일어나 춤을 추는 등 자유롭고 적극적으로 공연에 참여하는 모습을 보였다. 과거 공연에서도 관객이 무대 위로 올라와 노래를 부르는 경우가 있었지만, 이것은 공연과는 별개로 이루어지는 것이었다. 김정은 시대가 들어선 이후 공연장에서 관객들이 자유롭게 춤을 추거나 노래를 따라부르며 공연을 즐기는 모습들이 늘어났다.

이와 함께 무대 위의 공연자가 관객의 호응을 이끌어내며 공연을 함께 만들어가는 관객 참여형 공연 트렌드가 나타났다. 2011년 삼지연악단 신년경축공연 중 배우 우명식은 무대 밑으로 내려가 관객 한 명을 즉흥적으로 무대 위로 이끌었다. 그리고는 자연스럽게 춤을 따라 추기를 유도하며 공연에 재미를 더했다. 이와 같이 과거 전형적인 프로시니엄 무대에서 수동적이었던 관객들이 공연에 적극적으로 참여하는 능동적인 관객의 모습을 보여주고 있다.

무대에서 배우와 관객이 함께 춤을 추는 흥겨운 무대는 이후에도 계속 이어졌다. 2016년 8월에 개최된 〈청춘송가〉 무대, 김일성사회주의청년동맹 제9차 대회를 축하하기 위해 마련된 공연에서 객석에 있던 관객들이 공연 도중 무대 위로 올라가 배우들과 함께 왈츠를 추는 장면이 연출된 것이다.

이렇듯 북한 공연의 분위기는 더 이상 경직되거나 엄숙하지 않다. 무대를 개방하기 시작하면서 무대와 객석의 경계가 사라지는 모습들을 쉽게 찾아볼 수 있다.

관객들의 필(feel)은 갈수록 짙어진다.
2013년 모란봉전자악단의 신년경축 공연 중
모란봉전자악단이 〈단숨에〉 연주를 시작하는 순간,
공연장은 한순간에 콘서트장으로 변했다.
무대 아래에서 터지는 불꽃과
전자악기의 사운드, 퍼커션의 강한 비트로
모란봉전자악단이 경음악 연주를 시작하자
관객들은 환호성과 함께 비트에 맞춰
격정적으로 몸을 흔들었다.

우리의 콘서트 공연장을 방불케하는 역동적인 공연장의 모습은, 이제는 북한의 여느 대중음악 공연장에서 흔히 볼 수 있는 풍경이 되었다. 최근 나타나고 있는 공연장의 자유분방함과 열정적인 분위기는 그동안 시종일관 엄숙하고 진지한 분위기로 진행되던 과거 공연장의 모습과는 다른 생소한 풍경임에 분명하다.

우리가 그들의 공연장에서 그들이 내뿜는 열기를 체험하지 않는 이상 그것이 연출된 것인지, 정말 있는 그대로의 모습인지는 장담할 수 없다.

▲ 2013년 모란봉전자악단 신년경축공연 ©〈연합〉

우리는 여전히 공연장을 담은 그들의 '카메라 렌즈'를 통해 그들의 무대
를 잠시 엿볼 뿐이다. 다만 한 가지는 분명하다. 지금 그들의 무대에서
경계가 사라지고 있으며 의도되었건, 그렇지 않건 관객들은 음악의 리듬
과 함께 몸을 흔들고 있다는 것이다. 어쩌면 그것이 음악의 힘 아닐까?

VIII
Virtual space
가상공간

또 다른 세계로

  지구촌, 1945년 공상 과학 소설가인 클라크가 제시한 지구의 미래상이다. 그의 예견은 현실이 되었고, 말 그대로 지구 전체가 하나의 마을처럼 연결되었다. 인터넷의 발달 덕분에. 21세기를 사는 우리들에게 이제는 지구촌 생활이 놀라울 것 없는 흔한 일상일 뿐이다. 지구 반대편의 파트너와 언제든 화상대화를 할 수 있고, 실시간 전자 결제가 가능하며, 국제 시장에서 주식거래까지. 그렇게 우리는 실제 생활하는 물리적 공간과, 인터넷을 통한 가상공간을 자유롭게 왕래하고 공유하고 있다. 그렇다면 북한에도 이러한 가상공간이 존재할까?

  대답은 Yes!
  아직 보편적이지는 않지만 북한에서도 가상공간을 만날 수 있다.
  다만 다른 세계와 연결되어 있지 않은 고립된 공간에 존재한다.
  어떻게? 북한은 전 세계를 연결하는 인터넷망을 차단하고
  북한 내에서만 서로를 연결하는
  인트라넷(intranet)을 구축하였다.

  그렇다면 북한의 정보통신기술(ICT) 수준은 어느 정도일까?
  북한의 ICT 기술은 꽤 높은 수준인 것으로 알려져 있다. 김정은 시대

가 도래한 이후 과학기술에 대한 국가적 투자가 강화되었고 ICT 분야의 인재를 집중적으로 육성하는 학과와 프로그램이 늘어나고 있다. 북한은 과학기술을 발전시키는 과정에서 하드웨어보다는 소프트웨어 투자에 집중하고 있다. 국제사회의 대북제재가 지속되면서 하드웨어보다는 소프트웨어를 성장시킬 수밖에 없는 그들만의 사정도 있기 때문이다.

북한의 대외 선전 매체 〈조선의 오늘〉은 김일성종합대학 첨단과학연구원 지능기술연구소를 '2018년 10대 최우수 정보기술기업'으로 소개한 바 있다. 기사에 따르면, 이 연구소는 음성인식 프로그램 등 인공지능기술을 발전시킨 공로가 인정되었다고 한다. 2018년에는 '제29차 전국 정보기술 성과 전시회'에서 스마트홈(Smart-home) 개념으로 보이는 '지능살림집'을 선보이기도 했다. 이와 관련해 조선노동당 기관지인 「로동신문」은 '지능고성기(스피커)'를 북한만의 방식으로 개발했다고 소개했다. 기사에 따르면 "지능고성기는 사람의 음성 명령을 인식해 텔레비전과 선풍기, 실내 전등 등 가정용품들을 자동으로 조정하는 장치"라고 한다. 실제 성능은 알 수 없으나 지능고성기는 인공지능 AI스피커를 가리키는 것으로 보인다.

북한은 1980년대부터 본격적으로 첨단 과학기술 발전을 위해 노력했지만 1990년대 경제난으로 진전을 이루지 못했다. 그러던 것이 김정은 시대에 접어들면서 다시금 첨단 과학기술 발전에 박차를 가하고 있는데, 특히 '전산화', '공장 자동화', '인공지능' 등 기술 개발에 특별한 관심을 두고 있다. 하지만 북한을 둘러싼 조건은 녹록치 않다. 국제사회의 대북제제가 지속되고 있는 상황에서 외부로부터의 기술이전이 어렵고 관련한 첨단 기자재 도입도 차단되어 있는 상황이다. 여기에 고질적인 경제

▲ 컴퓨터로 에니메이션을 보는 소학교 학생 ⓒ<Shutterstock>

난과 선진 기술교육의 부재 등 기술개발의 성과가 주민들의 일상생활에 보급되기까지는 상당한 시간이 필요할 것으로 보인다.

　아직까지는 북한 주민들이 자유롭게 드나들 수 있는 가상공간은 협소해 보인다. 하지만 스마트폰 보급이 확대되고 한 손에 잡히는 작은 기계로 할 수 있는 많은 것들과 그것을 통해 만나는 가상세계는 분명 또 다른 세상을 보여줄 것이다. 이제 그 가상의 공간을 통해 북한 주민들의 삶과 문화를 조금 더 이해해 보도록 하자.

북한에는 인터넷이 있다? 없다?

　북한의 가상공간은 어떤 모습으로 만들어져 있을까? 이 공간에서 북한 주민들은 자유롭게 활동할 수 있을까? 우리가 일상에서 사용하는 인터넷이 북한에는 있을까?

　북한 주민들은 우리가 이용하는 인터넷을 사용할 수 없다. 다만 국가가 통제하는 국내 정보유통망, 인트라넷을 사용해 제한적인 가상공간을 이용할 수 있다. 북한도 대외 선전용 홈페이지 사이트와 유튜브(Youtube) 채널 등 외부 인터넷망에 일부 연결되어 있지만 개인이 외부 인터넷망에 자유롭게 접속하는 것은 원칙적으로 불가능하다.

　인트라넷은 주로 특정 조직 내부의 업무를 통합하는 정보유통체계를 의미한다. 우리 사회에도 다양한 기관과 기업들이 효과적인 업무 수행을 위한 내부망, 즉 인트라넷을 구축해 활용하고 있다. 북한은 국가라는 범위 안에 이러한 내부 정보유통망을 구

▲ 컴퓨터를 이용하는 평양시민들 ⓒ〈통일TV〉 진천규

축한 것이다. 북한 주민들은 인트라넷을 통해 정보를 공유할 수 있는데 주로 PC나 스마트폰, 태블릿 등을 사용해 인트라넷에 접속하며 온라인 게임을 즐기기도 하고 초보적이지만 전자상거래도 하고 있다.

북한은 1980년대 군사정보망이라 할 수 있는 '방패망'을 구축하였으며 일반 주민들이 접속할 수 있는 인트라넷 망이 건설된 것은 1990년대 말의 일이다. 북한은 1990년대 말 전국의 도시와 주요 기관을 연결하는 광케이블을 부설하고 독자적인 인트라넷, '광명망'을 건설하였다. 다만 외부 세계와 연결된 인터넷은 주로 국가의 핵심 기관에서 이용하며 일반인들은 접근할 수 없다. 또한 개인용 컴퓨터의 보급률이 현저히 낮아 컴퓨터를 통한 인트라넷 접속은 주로 기관이나 학교, 대중도서관에서 가능하다.

하지만 최근 이동통신 가입자가 급속히 늘어나면서 가상공간으로 가는 길이 새롭게 열리고 있다. 북한의 첫 이동통신업체는 이집트의 오라스콤과 합작해 설립한 '고려링크'로 2008년에 서비스를 시작하였다. 현재는 2013년 설립된 '강성네트'와 2015년 설립된 '별'까지 총 3개의 회사가 제3세대(3G) 이동통신 서비스를 제공하고 있다.

북한의 이동통신 가입자 수는 2008년 5천 명 수준에서 최근 500만 명을 넘어서며 계속 증가하고 있는 것으로 알려져 있다. 이 중 스마트폰 사용 인구를 정확히 확인할 수는 없으나 평양 등 대도시를 중심으로 스마트폰 사용자가 계속 늘어나는 상황이다.

북한은 또한 2018년 옥외용 와이파이 서비스 미래(Mirae)를 개발해 옥외 인트라넷 접속(70Mbps)을 지원하는 것으로 알려졌다. 특이한 것은 이 서비스를 이용하기 위해서는 별도의 심(SIM) 카드를 꽂아야 한다는 것! 와이파이 서비스 '미래' 또한 외부와의 접속이 제한된 내부 인트라넷이다. 우리가 일상적으로 사용하는 facebook, youtube, instagram, tweeter 등에서 북한 친구를 만날 수 없는 이유이다.

북한 주민들은 바깥세상과 연결된 인터넷을
자유롭게 이용할 수 없다.
다만, 북한 내부 연결망인 인트라넷을 통해
국가가 제공하는 정보를 소비하고
통제받는 공간에서 소통하게 된다.
인트라넷을 통해 대학생들은 강의자료 등
멀티미디어를 다운 받을 수 있고
일반 주민들은 날씨와 뉴스 등 생활 정보를 얻을 수 있다.
북한의 어린아이들은?
부모님의 스마트폰을 호시탐탐 노리며
게임을 즐기려 한다.

이 모든 가상의 공간은 국가의 통제 아래 놓여 있다. 국제 인권감시단체 프리덤 하우스가 발표한 '2021 세계자유보고서'에 따르면, 북한의 자유 지수는 최하점에 가깝다. 북한은 최고 점수 100점에, 정치적 자유에서 0점, 시민적 자유에서는 3점을 받아 통합 점수 3점을 받았다. 하지만 가상공간은 물리적 공간과 또 다른 세상이다. 가상공간에서 개인은 자유를 추구하게 된다. 국가가 모든 것을 통제할 수 없는 세상이 아닌가?

손 안의 기술, 지능형 손전화기

스마트폰을 사용하는 북한 주민들의 모습을 언론 기사를 통해 접해봤을 것이다. 북한에도 스마트폰이? 하는 분들도 있을 것이다. 북한에서 이동통신 서비스는 2008년부터 시작되었다. 우리 정부는 북한의 이동통신 가입자 수가 500만 명을 넘어선 것으로 파악하고 있다. 북한에서는 스마트폰을 '지능형 손전화기' 혹은 '타치폰(터치폰)'으로 부른다. 촌스럽지만 정감 있는 표현이 아닐 수 없다. 내 손안의 지능형 손전화기! 북한에서도 스마트폰이 일상생활의 필수 아이템이 되어가고 있다.

평양 등 대도시에 거주하는 20~50대 시민의 60% 이상이 스마트폰을 이용하는 것으로 알려져 있다. 북한의 4인 가족 한 달 생활비가 평균 50~100달러인 상황에서 100달러가 넘는 스마트폰은 고가의 사치품이라 할 수 있다. 그럼에도 스마트폰 사용이 증가하는 것은 스마트폰이 부의 상징이 되었을 뿐만 아니라 시장이 확대되면서 이제는 스마트폰 없이 장사하기가 어려워졌기 때문이다.

그렇다면 북한 주민들은 어떤 스마트폰을 사용할까?

북한은 엄연히 스마트폰 생산국이다. 북한이 자체 제작한 스마트폰으로는 '아리랑', '진달래', '평양', '푸른하늘' 등이 있으며 기종도 20개 정도로 다양하다. 다만 북한이 생산하는 스마트폰은 중국 등 해외에서 생산된 제품을 재조립한 경우가 많다. 예를 들어, '평양타치'는 TCL-

▲ 핸드폰 사용이 일상화되고 있는 북한 주민들 ⓒ〈연합〉

Alcatel의 T'Pop를, '평양2404'는 ZTE V808을 재조립한 것으로 알려져 있다.

　북한이 제작한 스마트폰 외에도 해외에서 밀반입된 중고폰들도 북한에서 매매되고 있다. 북한의 스마트폰은 앱이나 인터넷 사용기록 등을 모니터링하는 해킹툴이 탑재된 것으로 알려져 있다. 밀반입된 중고폰들은 제한적인 정보망과 통신기록 등 감시체제를 벗어날 수 있는 도구인 것이다. 우리가 즐겨 쓰는 카카오톡 뿐만 아니라, 텔레그램, 웨이신(위챗) 등 각종 SNS앱이 설치된 중고 스마트폰은 유심(USIM) 칩을 갈아 끼우면 외부와의 연락도 가능하다. 북한에서 유학하는 외국 유학생들은 이처럼 유심칩을 이용해 외부 인터넷에 연결하는 방식으로 가족이나 친구들과 연락한다. 북한에서 특히나 인기 좋은 중고폰은 한국산 스마트폰이다. 한글화가 되어 있어 북한 주민들이 사용하기 편하고, 중국산에 비해 성능이 뛰어나 웃돈까지 얹어 거래될 정도라고 한다.

이렇게 북한에서 '제작한' 스마트 폰의 스펙은 어떨까? 2018년 선보인 '아리랑171'의 사양을 보면, OS는 안드로이드 7.1.1 버전, RAM은 4기가, ROM은 32기가를 탑재하고 있으며, 화면은 5.5인치 디스플레이, 그리고 지문인식 듀얼렌즈를 채택한 후면카메라(1,300만 화소) 등 크게 뒤처지지 않는 모습을 보여준다. 북한에서 스마트폰이 부의 상징처럼 된 만큼 사용요금도 저렴하지 않다. 기본요금은 저렴하지만 기본 통화량과 데이터사용량을 초과하면 상당히 비싸진다. 요금은 북한 원화 혹은 위안화나 달러 등 외화로 결제할 수 있다.

평양 등 대도시를 중심으로 스마트폰과 태블릿PC 이용자가 늘어나면서 다양한 기능의 앱이 개발되어 판매되고 있다. 제한적이지만 북한 주민들도 우리와 같이 스마트폰으로 게임을 즐기고 영화를 예매하며 신문 기사를 검색해 본다. 또한 내비게이션 앱을 통해 길을 찾고 모바일 쇼핑도 가능해졌다. 하지만 우리와 다른 점은 스마트폰으로 앱을 다운로드 받을 수는 없다는 것. 그렇다면 어떻게 앱을 다운로드 받을 수 있을까? 북한에서 스마트폰 앱을 다운로드 받기 위해서는 오프라인 매장을 직접 방문해 구입해야 한다. 매장을 찾아 원하는 앱을 구입하면 앱을 설치해 주는 방식이다.

북한 주민들이 애용하는 앱은 어떤 것들일까? 스마트폰 '아리랑 151'을 보면, '자동차경주', '바둑수풀이', '실매듭풀기', 앵그리버드를 모방한 '고무총쏘기' 같은 게임들이 기본 앱으로 탑재되어 있다. 이 외에 역사를 소재로 한 '조선협객전', '삼국통일: 대륙을 꿈꾸며' 등이 있으며 북한 스테디셀러 애니메이션인 '소년장수'도 게임 앱으로 출시되었다. 또한 우리가 많이 사용하는 내비게이션 앱과 비슷한 '길동무'가 있으며 사진 보정앱인 '봄향기'도 북한 주민들에게 사랑받는 앱이다.

북한에서도 스마트폰을 이용해
온라인 쇼핑을 할 수 있을까?
가능하다.
대표적인 온라인 쇼핑몰은 '만물상', '옥류' 등으로
생활용품에서부터 웬만한 기자재까지 상품도 다양하다.
다만 우리나라와 같이 체계화된 유통시스템이 갖춰져 있지 않아
배달에 어려움이 있는 것으로 알려져 있다.

최근에 스마트폰 사용인구가 늘면서 스마트폰 중독에 빠진 자녀들로 부모들이 걱정할 정도라고 하니 스마트폰이 북한의 사회문화에 상당한 영향을 끼치고 있음을 알 수 있다. 내 손안의 작은 세상, 지능형 손전화기! 이 손전화기로 더 많은 정보와 소통, 재미를 추구하려는 주민들과 온라인에서도 모든 것을 통제하려는 국가의 모습은 흡사 시소게임과도 같다. 북한의 스마트폰 보급이 더욱 확대되고, 우리처럼 생활의 필수품이 된다면, 북한의 가상공간은 또 어떻게 변화하고 발전할지 궁금해진다.

북한의 인기 앱은?

　북한에도 스마트폰이 보급되어 일상생활뿐만 아니라 직장생활의
필수 아이템이 되어가고 있다는 소식이 심심찮게 전해지고 있습니다.
이번에는 북한에서 스마트폰 앱을 어떻게 구매하는지, 그리고 어떤 앱
들이 인기가 있는지 소개해 드리겠습니다. 북한에서 판매하는 스마트폰
에는 기본 앱이 설치되어 있지만 더 재미있고 특정인에게 필요한 앱은
보통 큰 상점에 있는 오프라인 앱스토어를 방문해 구입할 수 있습니다.
평양의 경우 이런 앱스토어를 어렵지 않게 만날 수 있습니다.

앱스토어

▲ 북한의 앱스토어

　앱스토어에는 생각보다 다양한 종류의 앱을 판매하고 있습니다.

특히 다양한 게임 앱이 인기가 많았습니다. 구입하고 싶은 앱을 선택해 직원에게 알려주면 직원이 스마트폰에 앱을 깔아줍니다. 하나의 앱을 설치하는데 10분 정도 소요됩니다.

▲ 앱스토어에 전시된 앱 선전물

　　많은 앱을 구입하려는 손님이 있을 경우 줄을 서서 기다리기도 합니다. 앱스토어에는 다양한 교육 앱과 게임 앱, 그리고 음악, 요리, 건강, 패션, 가상 애완동물 앱까지 정말 많은 종류의 앱이 판매되고 있었습니다. 많은 앱 중, '소년장수'라는 게임 앱과 '길동무'라는 길 안내 앱을 소개해 드리겠습니다.

천하무적 소년장수

　　〈천하무적 소년장수〉 앱은 북한에서 인기를 끌었던 애니메이션 〈소년장수〉를 원작으로 한 스트리트 파이터 스타일의 격투기 게임입니다. 〈소년장수〉는 고구려 왕조를 배경으로 외부의 침략으로부터 소년장수가 나라를 지키는 이야기입니다.

▲ <천하무적 소년장수>의 메인화면

이 앱에서는 매우 인상적인 CG가 사용되고 있으며 '이동'과 '타격'을 콘트롤해 게임을 즐길 수 있습니다. 이동은 뛰고 달리는 것과 같은 수십 가지의 다양한 움직임이 있는데, 공격으로부터 점프, 롤링, 블록, 플라잉 킥, 펀치, 그리고 원거리 칼 공격과 마법 공격 등 다양한 선택이 가능합니다. 복장과 무기 등 각각의 아이템들은 현금으로 구입할 수 있습니다.

▲ <천하무적 소년장수>의 격투 장면

길동무

▲ 길안내 앱 〈길동무〉

〈길동무〉는 평양의 길을 안내해주는 앱입니다. 길동무에는 '상업 및 서비스 시설', '교육, 과학, 문화 시설', '보건 시설', '체육 시설', '도로 시설', '기관 및 기업', '정보 통신' 등 다양한 범주로 분류되어 있고 자신이 가고자 하는 곳을 검색해 입력할 수도 있습니다.

이 앱은 또한 자주 가는 장소를 마커로 기록할 수 있으며 교통편의 노선 표시 기능 등 다양한 기능을 가지고 있습니다. 길동무에서는 자동차로 이동할 경우, 교통편을 이용할 경우 등 교통수단에 따른 다양한 이동 경로를 검색, 이용할 수 있습니다.

▲ 길동무 앱을 이용해 길 찾기

공화국의 온라인 쇼핑몰, 전자상점

35도를 웃도는 한여름의 평양. 뜨거운 날씨 탓에 바깥 활동을 하기 어렵게 되자 온라인 쇼핑몰 '옥류'를 통해 냉면 주문이 늘어났다. 옥류는 북한 최초의 온라인 쇼핑몰로 인민봉사총국이 운영하는 사이버 공간의 '전자상점'이다. 이곳에서 북한 주민들은 생활용품에서 식품, 유명식당의 음식까지 모두 구입할 수 있다. 옥류에서는 평양의 맛집들인 옥류관과 해당화관, 창천해맞이식당의 '료리'를 주문할 수 있으며 금서식료공장을 비롯해 다양한 지역의 유명한 상점, 상업봉사단위들과 연결되어 온라인 주문을 할 수 있다고 한다.

북한의 대표적이고 유명한 쇼핑몰은 '만물상'이다.
연풍상업정보기술사에서 관리하고 운영하는 만물상은
생산자와 소비자를 연결하는 역할에 충실한 쇼핑몰이다.
북한 내 생산기업소들과 상점들이
'만물상'에 자신들의 제품에 대한 정보를 올리면
소비자들이 살펴보고 주문해서 물건을 받는 방식이다.

만물상에는 이름 그대로 없는 것이 없다고 한다. 의류, 신발, 의약품과 같은 일상 용품에서 가구와 전자기기, 무형의 서비스까지 판매된다고 하

▲ 스마트폰을 이용해 온라인 쇼핑을 하고 있는 북한 주민 ⓒ〈연합〉

니 이름을 정말 잘 지은 것 같다. 북한 매체들의 소개에 따르면, 만물상의 하루 이용객은 무려 6만 명이 넘는다고 한다.

그렇다면 온라인 쇼핑몰은 어떻게 이용할 수 있을까?

먼저 스마트폰이나 PC를 통해 온라인 쇼핑몰에 가입한 후 본인이 구입하고 싶은 제품이나 음식을 고른다. 온라인 쇼핑몰에는 상품검색, 바구니에 담기, 구매예약, 전자결제와 같은 서비스들이 제공된다. 상품에 대한 소개와 함께 생산 기업에 대한 기본 정보도 제공된다. 일부 쇼핑몰에서는 상품 주문뿐만 아니라 극장과 식당 예약, 기차표 예매까지 가능하다고 한다. 물론 이런 시스템이 제대로 작동할지 조금 의구심이 든다. 북한의 전자상점은 기본에 충실하지만 자본주의에서 운영되는 온라인 쇼핑몰과 비교한다면 매우 단순하고 심지어 허술하게 느껴질 수도 있다.

위에서 고른 상품을 계산할 순서다. 결제는 스마트폰과 연계된 모바일 결제 혹은 전자카드로도 가능하다. 북한은 온라인 상에서 전자상거래를 활성화하기 위해 전자결제 중계 기능을 담은 모바일 결제 서비스 앱 '울림 1.0'을 스마트폰에 탑재했다. '울림 1.0'은 조선중앙은행이 2016년부터 발행한 북한의 원화전자카드(충전식 체크카드)인 '전성카드'와 연계해 사용할 수 있다고 한다. 스마트폰으로 전성카드 번호를 이용해 사용자 등록을 마치면 간편 결제, 개인 간 송금 등 각종 금융서비스를 이용할 수 있게 된다. 이 외에도 '날개'라는 선불 전자결제시스템으로 온라인 쇼핑몰 이용이 가능하다.

아직까지 북한의 전자상거래는 초보적인 수준인 것으로 알려져 있다. 하지만 전사상거래 활성화에 대한 북한 정부의 관심은 상당하다. 언젠가는 서울에서 북한의 온라인 쇼핑몰을 이용해 물건을 받는 날이 오지 않을까?

▲ 평양 영복식당의 온라인 주문 화면 ⓒAlek Sigley

북한식 원격 교육, 과학기술보급실

평양 시내에서도 유난히 눈에 띄는 장소가 있다. 바로 고급 고층 아파트들이 들어선 '미래과학자거리'다. 북한이 이렇게 과학자들을 위한 특화된 주거단지를 만들 만큼 과학기술은 국가적 관심과 투자가 이루어지는 분야이다.

북한은 과학자들에 대한 전폭적인 처우 개선을 추진하고 학교 교육에서도 과학기술 인재를 양성하기 위해 투자하고 있다. 북한은 '과학기술강국'을 건설하겠다는 구호를 연일 강조하고 있다. 그렇다면 북한에서 과학기술 교육은 어떻게 이루어지고 있을까? 가장 대표적인 것이 바로 원격교육시스템이라 할 수 있는 '과학기술보급실'이다. 과학기술보급실은 전체 인민을 과학기술인재로 만들겠다는 목표로 만들어진 원격교육시스템이다. 다만 우리가 알고 있는 '원격' 교육과는 달리 다소 초보적인 온라인 교육에 가깝다.

과학기술보급실은 노동자들이 온라인에서 과학기술 수업을 듣거나 관련 자료들을 검색할 수 있는 온라인 학습공간이다. 한국에서 운영되고 있는 사이버대학, 혹은 아주 단순한 원격교육에 가깝다. 이 교육 프로그램은 과학기술과 생산현장을 밀접하게 연결시키기 위한 노력의 하나로 추진되었다. 북한의 주장에 따르면, 북한 전체에 1만 4천여 개의 과학기술보급실에서 이러한 원격교육이 진행되고 있다.

▲ 컴퓨터 교육을 받는 북한 주민 ⓒ<Shutterstock>

그렇다면 과학기술보급실은 어떻게 이용할 수 있을까?

과학기술보급실은 각 지역, 단위의 생산 현장, 즉 공장과 기업소, 농장 등에 설치되어 있으며 퇴근 후, 혹은 근무 중에도 필요에 따라 근로자들이 방문해 이용할 수 있다. 과학기술보급실은 기본적으로 원격강의실과 전자도서실, 다매체열람실, 그리고 도서열람실 등으로 구성된다. 농사를 짓는 농장원들 또한 자신이 재배하는 작물에 필요한 농사기술을 찾거나 자연재해로 인해 발생하는 문제들을 해결할 방법을 찾을 수 있다.

과학기술보급실이 설치되지 않은 곳의 직장인들은 시, 군 단위로 설치되어 있는 '미래원'을 이용할 수 있다. 미래원은 과학기술보급실과 같은 시스템으로 운영된다고 한다.

그렇다면 과학기술보급실의 자료는 어디서 관리하고 업데이트 하는걸까?

전국의 과학기술보급실은 평양의 쑥섬에 위치한 과학기술전당으로 연결된다. 북한은 과학기술전당을 최첨단 과학기술 전문도서관으로 홍보하고 있는데 외교 사절이나 방문객의 필수 방문코스로 언론에 소개되고 있다. 전국의 노동자나 농민들은 지방의 과학기술보급실에서 이곳 과학기술전당의 자료를 열람하고 이용할 수 있다고 한다.

▲ 과학기술전당 전경 ⓒ〈연합〉

뿐만 아니라 각 단위 과학기술보급실은 2019년에 개발된 과학기술보급체계 '룡마 1.0'를 이용해 직장별 자체 DB를 구축하고 분류, 검색, 열람할 수 있다. 언뜻 보기에는 상당히 잘 정비된 정보공유체계와 교육시스템이 구축되어 있는 듯하다. 다만 우리가 일상에서 접하는 온라인 세상과 동일하게 바라보기에는 아직 한계가 있다.

대한민국은 세계에서도 둘째가라면 서러운 IT강국 아니던가!
북한의 과학기술보급체계는 여전히 교육 영상의 촬영과 전달,
방대한 자료의 신속한 공유와 업데이트 등
아직은 해결해야 할 과제가 많은 것으로 보인다.
하지만 북한이 말하는 과학기술강국은 멀리 있지 않다.
IT강국 대한민국과 협력해 사이버 공간을 발전시켜 간다면
그 보다 더 빠른 과학기술강국으로 가는 길이 있을까?

속사정

북한은 사회주의 강성국가 건설과 '전민과학기술인재화'라는 국가 발전 전략을 내세우며 주요 대학과 기관에 과학기술 인재를 양성하기 위한 학과와 프로그램을 개설하고 인공지능 분야의 소프트웨어를 개발하고 있으며 과학기술보급실과 같은 하드웨어를 강화하고 있다. 하지만 이상과 현실은 늘 차이가 있는 법. 과학기술보급실의 우수 운영사례 등을 면밀히 살펴보면 주로 평양과 같은 대도시, 혹은 규모가 큰 기관에 국한되어 있는 것이 현실이다.

특히 국제사회의 대북제재로 외부와 단절된 상황에서 북한이 추진하는 과학기술강국의 꿈은 현실의 벽에 부딪치고 있다. 경제상황이 녹록치 않다보니 정부는 과학기술보급실 확대 등 하부 단위의 실천을 요구하고 있지만 예산은 각 단위에서 알아서 하라는 식이다. 결국 정보공유 시스템을 구축하기 위해 필요한 컴퓨터 등 기자재를 마련하기 위해서 공장의 노동자나 농장의 농민들이 그 부담을 떠안거나 아예 쓸모없는 전시성 컴퓨터만 유리벽 너머로 배치되는 웃지 못 할 상황이 재현되고 있다.

함경도 출신의 한 탈북민의 증언에 따르면, 중앙의 지시에 따르기 위해 컴퓨터의 시장구매 가격을 종업원들에게 분담시켜 컴퓨터를 구비했는데, 컴퓨터를 구비한 뒤 이를 이용할 수 있는 시스템이 마련되어 있지 않아 허울뿐인 전시물이 되었다고 한다. 북한 주민에게 공급되는 민생용

▲ 과학기술인재 양성을 강조한 거리의 선전물 ⓒ〈연합〉

전기조차 제대로 보장되지 않는 상황에서 과학기술보급실 컴퓨터를 활용해 원격교육을 진행하는 것 자체가 비현실적이란 것이다.

대도시와 지방의 소도시, 그리고 도시와 농촌지역 간 격차가 큰 북한에는 정보통신기술을 활용할 수 있는 인프라 자체가 마련되지 않은 곳이 허다하다. 핸드폰 사용률, 인터넷 이용, 컴퓨터 보급, 관련 교육 등 다방면에서 대도시와 지방의 비교가 무색할 정도로 지방의 상황은 열악하다.

학교에서의 컴퓨터 교육만 보더라도 평양에서는 컴퓨터를 직접 다루며 교육을 받을 수 있지만, 지방은 한 학급당 한 대의 컴퓨터 보급도 어려운 경우가 많다고 한다. 청진이 고향인 한 탈북민의 증언에 의하면, 고급중학교에서 컴퓨터 교육을 받았는데 주로 타자치기 연습이었다고 한다. 그마저도 실제 키보드가 아닌 큰 도화지에 키보드 모양을 그려서 각 책상 위에 펼쳐놓고 연습했다는 것이다. 컴퓨터는 주로 선생님이 다루거나 구경만 할 뿐 만져보기도 어려웠다고 한다. 함경북도에서 가장 큰 도시인 청진의 교육 현실이 이렇다보니 다른 소도시나 농촌지역은 더 열악할 수밖에 없다는 이야기다.

북한은 과학기술을 통해 '단번도약'을 꿈꾸고 있다.
1차산업과 2차산업에 머물러 있는 북한 경제를
4차산업으로 단번에 도약시키겠다는 거대한 비전이다.
그러나 단번도약에 성공하려면 제대로 된 투자가 필요하다.
단지 몇몇의 천재적인 인재를 키우는 것으론 한계가 있다.
지금 북한은 1차산업부터 4차산업까지
어지러이 흩어진 시대를 지나고 있다.
우리가 종종 이야기하는 정보 접근 격차는
북한에서 가장 극단적인 형태로 나타나고 있다.

IX
Blind spot
사각지대

어둠 속에서

'세상에 부럼 없어라!'

북한의 유치원에서 마주하는 아이들의 구호다. 손님들을 맞이하는 유
치원 아이들의 모습에 1990년대 경제위기의 흔적은 찾아볼 수 없다. 알
록달록한 예쁜 무대의상을 차려입은 아이들의 모습은 좀 딱딱해 보이지
만 한국의 개구쟁이 아이들과 다를 바 없다.

▲ 공연을 준비하고 있는 유치원 원아들

하지만 북한 사회의 곳곳에 우리가 알지 못하는
어두운 사각지대가 존재한다.
국가 공급의 신화를 무너뜨린 1990년대 식량난은
국가의 통제가 제대로 작동하지 않는 사각지대를 만들었다.
'고난의 행군'으로 명명된 1990년대 중반의 식량난은
사각지대에 놓인 가족을 해체 시켰고
그렇게 떨어져 나온 아이들과 노인들은
거리를 떠돌며 생활하는 '꽃제비'가 되었다.

2012년 김정은 체제가 들어선 이후, 북한은 '사회주의 문명강국'을 건설하겠다고 호기롭게 외치고 있다. 평양에는 고층빌딩과 거리가 들어섰고 각종 유희오락시설이 도시의 대표 명소로 새롭게 자리 잡았다. 인민군대는 도시의 공원을 '멋뜨러지게' 만드느라 총대신 삽을 들고 조금은 다른 건설 전투에 투입되기 일쑤였다. 이렇게 만들어진 '사회주의 선경'들은 연일 북한의 방송과 신문에 사회주의 지상낙원으로 소개되어 왔다.

사회주의 문명강국! 그들이 말하는 사회주의 선경은 어떤 모습일까? 북한 당국이 연일 칭송하며 바라마지 않는 사회주의 문명강국은 '주민들의 삶이 풍요롭고 문화생활을 즐길 수 있는 사회'이며 '늙은이, 고아, 장애인과 같은 사회적 약자들이 안정적인 삶을 보장받는 사회'라 한다.

김정은 위원장이 약속한 사회주의 문명강국! 그런데 어디서 많이 들어본 듯하다. 곰곰이 생각해 보면 그의 할아버지 김일성 주석이 꿈꿔온 사회주의 국가와 똑 같지 않은가? 북한은 한국전쟁으로 폐허가 된 국가를 재건하는 과정에서 '사회보장제도'를 정비하고 노인과 고아, 장애인과 같은 사회적 약자를 위한 양로원과 양생원, 고아원과 영예군인공장 등을

전국에 설치했으며, 교육과 의료, 보육을 국가가 책임지는 '진짜' 사회주의 국가건설을 추진했다.

하지만 그렇게 건설된 사회주의 문명국가는 식량을 제대로 공급하지 못해 수많은 주민을 죽음으로 내몰았다. 오히려 '고난의 행군정신'을 강조하며, 배고픔을 '혁명정신'으로 극복할 것을 강요했다. 그것이 우리가 잘 알고 있는 1990년대 식량위기이다. 수많은 사람들이 굶주림으로 목숨을 잃어야 했던 사회주의 문명강국을 그들은 다시 건설하겠다 말하고 있는 것이다.

우리는 탈북민들을 통해 아직도 북한의 보이지 않는 사각지대에서 하루하루의 생존을 갈구하는 많은 이들이 존재함을 알고 있다. 여기서는 전 세계에서도 그 유래를 찾기 어려운 강력한 통제사회에서 벗어나 또 다른 삶을 살아가는 사람들을 이야기하려 한다. 바로 통제의 사각지대에서 살아가는 사람들의 이야기이다.

고난의 행군

'고난의 행군!'
탈북민을 만나면 심심찮게 '고난의 행군'이란 단어를 듣게 된다.
'고난의 행군' 때 어떤 일들이 있었는지 설명하며
눈물을 흘리는 탈북민들이 많다.
북한의 현재와 변화를 이야기할 때 반드시 빼놓을 수 없는 단어,
고난의 행군! 어떤 일들이 있었던 것일까?
왜 그들은 그때를 떠올릴 때마다 눈시울을 적실까?

북한에서 고난의 행군은 1938년 김일성의 항일유격부대가 일본군의
추격을 따돌리기 위해 배고픔과 추위를 견뎌낸 100여 일간의 행군을 일
컫는다. 북한에서 고난의 행군은, "자력갱생, 간고분투의 정신, 어떠한
어려운 역경 속에서도 패배주의와 동요를 모르는 낙관주의 정신, 불굴의
혁명정신"으로 강조된다. 북한은 1990년대 중반 김일성 주석의 사망과
식량난으로 인한 체제위기를 '고난의 행군' 정신으로 헤쳐나갈 것을 강조
했으며, 이런 이유로 당시를 '고난의 행군' 시기로 표현한다.

그렇다면 그렇게도 처참했던 고난의 행군은 어떻게 시작되었을까?

그 원인은 1990년대 초로 거슬러 올라간다. 1990년 동독과 서독이
통일하고 소련과 중국을 비롯한 사회주의 국가들이 자본주의 국가들과

수교를 맺었다. 동구권 사회주의 국가들이 체제를 전환하면서 그동안 유지했던 물물교환 방식의 무역은 더 이상 기대할 수 없었다. 북한은 자력갱생의 원칙에 입각해 동유럽 공산주의 국가들에서 수입하던 일부 핵심 자재들을 더 이상 얻을 수가 없었다. 왜냐고? 북한에는 달러와 같은 외화가 부족했기 때문이다. 그렇게 공장들이 하나둘 도미노처럼 멈춰서기 시작해 경제위기로 이어졌다.

북한은 사회주의 계획경제에 기반해 주민들에게 필요한 식, 의, 주를 국가가 공급해 왔다. 이와 같은 중앙공급체계는 전후 강화된 경찰통제와 함께 사회통제의 수단으로 활용되어 왔다. 한국전쟁 이후 북한 주민의 이동과 이주가 차단된 상황에서 국가가 통제하는 중앙공급체계는 이전에 없던 강한 사회통제체제를 구축하는 토대가 되었던 것이다.

이와 같은 국가의 '공급을 통한 사회통제'는 1990년대 중반의 경제위기로 붕괴되고 만다. 국가가 주민들에게 더 이상 식량과 생필품 등을 공급할 수 없게 되자 사회는 걷잡을 수 없는 혼란 상태에 빠져버렸다. 식량 배급의 중단으로 100만에서 200만으로 추산되는 아사자가 발생하였고 주민들은 식량을 구하기 위해 도시에서 농촌으로, 북한에서 중국으로 이탈하기 시작했다.

일부 노인들과 사회보장 여성들은 생존을 위해 암시장을 형성하였고 국가는 사회통제력을 되찾기 위해 일탈하는 주민들을 강력하게 처벌하는 한편, 항일투쟁의 정신, 빨치산 부대의 '고난의 행군' 정신으로 위기를 극복하자는 레토릭을 제시하게 된다. 그렇게 북한사회에서는 고난의 행군이 시작된 것이다.

고난의 행군은 아이러니하게도 1994년 김일성 주석의 사망과 함께 시

▲ 배급을 기다리는 북한 주민들 ⓒ〈연합〉

작됐다. 영생할 것만 같았던 수령의 죽음은 북한 사회에 큰 충격을 주었다. 그렇게 고난의 행군은 죽은 수령의 유훈을 받들자는, '유훈통치'의 형태로 그의 3년 상과 시기를 같이 하였다. 수령의 죽음과 경제위기에 직면한 북한 지도부는 '미제의 봉쇄정책으로 식량이 부족하다'면서 '1개월 후면 밀린 배급까지 지급되니 기다리라'는 말만 해마다 되풀이했다. 심지어는 '고난의 행군이 끝나면 당시의 일탈 행동들을 일일이 찾아내어 처벌할 것'이라고 주민들에게 엄포를 놓았다.

그 말을 믿었던 북한 주민들은 주변 사람들에게 식량을 빌려가며 공장으로 출근해야만 했다. 사회적으로는 '하루 2끼 먹기 운동'이 시작되었고 얼마 지나지 않아 1끼 먹기 운동으로 바뀌었다. 주민들은 옥수수 속대와 풀뿌리까지 대체식량으로 활용하며 혹독한 식량난을 버텨야 했다. 하지만 1995년부터 식량 배급이 전면 중단되었고 공장은 멈춰 섰으며 주민들은 굶주림으로 허덕이다 아사하기 시작하였다.

그렇다면 북한 주민들은 고난의 행군을 어떻게 이겨냈을까? 국가의 에너지 공급, 원자재 공급이 중단되자 공장들은 멈춰서기 시작했다. 그렇다고 노동자가 공장에 출근하지 않는다는 것은 상상할 수 없었다. 공장에 출근하지 않는 노동자는 처벌 대상일 뿐만 아니라 언제 나올지 모르는 배급을 받기 위해서도 작업장을 떠날 수는 없었다.

세대주들이 직장에 출근하지만 국정가격과 시장가격의 격차가 커진 상황에서 월급으로 가정의 생계를 꾸리는 것은 불가능했다. 왜냐하면 1990년대 중반 시장의 쌀가격은 1kg에 40~50원이었던 반면, 월급은 고작 70~80원이었기 때문이다. 그렇다고 월급이 제대로 지불된 것도 아니었다. 결국 가족의 생계를 떠안은 것은 여성들이었다. 북한의 가정에서 아내는 '남편을 잘 보필하고 자녀를 혁명적으로 교양'하는 것과 가족의 생계까지 떠맡아야 했다.

세대주(가장)의 생계 활동이 어려워지면서
가정의 생계도 아내가 책임지게 된 것이다.
그녀들은 식량을 구할 수 있는 것이라면 무엇이든 팔았다.
집에서 아끼던 TV, 재봉기, 옷, 이불 등 팔 수 있는 것은
무엇이든 팔아서 가정의 생계를 이어갔다.
노동자들은 멈춰선 공장에서 기자재를 뜯어내 몰래 팔았고
시장에는 한국을 비롯한 국제사회에서 지원한 식량이
군인과 관료들에 의해 밀거래되었다.
중국으로는 골동품들이 팔려나가고 식량이 밀수입되었다.
고난의 행군 시기 시장은 오아시스 같은 생존의 공간이 되었다.

그렇다고 마음대로 장사를 할 수는 없었다. 어떤 방식으로건 직장의 허락이 필요했고 시장에서 자리를 잡으려면 그 또한 돈이 들어갔다. 아내들은 시장에 나가 장사하거나 행방(식량을 구하기 위해 떠나는 행위)을 떠나기 위해서 뇌물을 들고 공장 당비서, 지배인, 병원, 노동과를 찾아다녀야 했다. 장기휴가나, 사회보장을 받기 위해서였다. 당시 주민들 사이에는 "안전원은 안전하게 해 먹고, 보위부원은 보이지 않게 해 먹고, 당간부는 당당하게 해 먹는다"는 말이 유행할 정도로 뇌물과 비리가 성행했다.

암시장이 늘어나고 상행위가 확대되면서 청진달리기, 개성달리기와 같이 원거리 장사(달리기)를 하는 사람들이 나타났다. 달리기들은 자신

의 몸보다 큰 식량 배낭을 등에 메고 기차나 써비차(서비스차)를 이용해 말 그대로 '달리기'로 전국을 누볐다. 원거리를 이동하는 과정에서 불법 이동을 단속하는 안전원과 주민들의 마찰도 자주 발생했다. 식량을 빼앗으려는 안전원(경찰)에 화가 난 주민이 달리는 열차에서 안전원을 붙잡고 뛰어내리거나, 기차위에 전선을 붙잡아 동반감전으로 목숨을 잃는 사건도 발생하였다.

고난의 행군 시기를 거치며 북한 사회의 다양한 공간에서 국가의 통제를 벗어난 사각지대가 발생하였다. 생계를 위한 주민들의 모든 행위가 사실상 통제의 사각지대인 셈이다. 국가가 주민의 삶을 보장하고 그로부터 사회를 통제하던 '사회주의 계획경제'의 신화는 그렇게 무너져 내렸다. 이제 북한의 어두운 부분, 사각지대에서 생존을 위해 몸부림치는 사람들의 이야기로 넘어가 보자.

기차역, 꽃제비들의 고향

　기차역, 북한의 기차역에는 고단한 하루를 이어가는 주민들의 삶이 고스란히 담겨 있다. 매표소 앞에는 자신보다 큰 등짐을 짊어진 '달리기'들이 거북이처럼 목을 빼고 열차 시간을 확인하느라 여념이 없다. 역전 구석에서는 기차를 기다리던 사람들이 삼삼오오 모여 인조고기밥과 두부밥으로 요기를 하고 있다. 단속완장을 찬 안전원은 음식을 파는 상인들이 마뜩찮은 듯 흘겨본다.

'꽃제비다! 저놈 잡아라!'
별안간 젊은 여성의 다급한 목소리가 역전에 울려 퍼졌다.
꽃제비가 여성이 먹고 있는 음식을 덮쳤기 때문이다.
그런데 다급한 여성의 목소리와는 달리
주변 사람들은 늘 있어왔던 일인 듯
누구 하나 나서서 도우려 하지 않는다.
단지 음식을 빼앗긴 여성을 측은하게 바라볼 뿐이다.

'꽃제비', 북한 주민들에게 꽃제비라는 이름은 상대를 비난할 때 종종 사용하기도 한다. 그 이름이 가지는 상징성 때문이다. 북한에서 꽃제비는 거지나, 구걸로 살아가는 사람, 지저분하고 더러운 대상으로 여겨진

▲ 꽃제비들이 하루가 저물어가는 역전 ⓒ〈통일TV〉 진천규

다. 그래서 꽃제비는 자존심이 강한 북한 주민들 사이에서 남을 비난할 때 습관적으로 내뱉는 가장 혐오적인 단어로 굳혀져 있다.

우리에게 꽃제비란 북한에서 구걸하고 주워 먹는 아동 정도로 알려져 있다. 탈북자 출신으로 국회의원에 당선된 의원도 꽃제비 출신으로 언론의 관심을 받기도 했다. 그런데 북한에서 꽃제비는 아동만 있는 것이 아니라 '노인꽃제비', '가족꽃제비', '청년꽃제비' 등 연령이나 구성원, 하는 행위에 따라서도 다양하게 불린다. 또 음식을 훔쳐 먹거나 소매치기한 물건을 팔기도 하고, 도시를 떠나 깊은 산속에서 홀로 살아가기도 한다.

이들은 어쩌다 꽃제비가 되었을까?
꽃제비는 1990년대 중반 고난의 행군 시기에 확산되었다.

식량배급이 중단되자 북한 주민들은 식량을 찾아
전국을 떠돌아다녔다.
식량을 구하기 위해 떠난 부모가 돌아오지 않아
식량이 떨어진 아이들은 역전과 시장에서 먹을 것을 찾아 헤맸다.
또 식량을 공급받지 못해 자식의 눈치만 보던 노인들,
자식들에게 버림받은 노인들은 집을 떠나 거리를 떠돌았다.
그렇게 가족들이 뿔뿔이 흩어지고 처절한 생존의 전쟁터에서
하나, 둘 꽃제비가 되어 간 것이다.

꽃제비의 하루는 생존을 위한 몸부림이다. 낮에는 시장이든, 길거리든 떠돌며 겨우 목숨을 부지할 만큼의 음식을 구하고 밤이면 잠자리를 해결하기 위해 기차역으로 모여든다. 국가의 보호도, 가족의 보호도, 부모의 보호도 받지 못하고 굶주림의 끝까지 추락한 사회적 약자들이 가장 먼저 꽃제비가 되었다.

사각지대에서 자신들만의 생존을 추구하는 꽃제비, 어쩌면 이들은 북한에서 유일하게 국가의 통제로부터 벗어나 있는 일탈자들이다. 1990년대 경제위기 속에서 생존을 위한 주민들의 일탈이 일상화가 되었지만 여전히 국가로부터 벗어난 삶은 존재할 수 없었다. 모든 주민은 반드시 조직에 소속되어 조직통제를 받아야했기 때문이다. 단, 이러한 통제로부터 벗어나 있는 존재가 꽃제비이다.

꽃제비가 얻은 자유의 느낌은 어떤 것일까?

꽃제비 출신 탈북민에 따르면, 꽃제비 생활 초기에는 단속이나, 처벌이 두렵지만, 시간이 지날수록 자유로움을 느끼게 되었다고 한다. 꽃제비의 자유, 북한사회에서는 역설적이고 비정상적이지만 그들은 한 번 얻

▲ 빵을 나눠 먹고 있는 꽃제비들 ©〈강춘혁-탈북작가〉

은 자유를 놓으려 하지 않고 사회로의 복귀를 거부한다. 전체가 개인을 압도하는 북한의 집단주의체제에서 그 통제를 벗어난 구성원이 존재한다는 것만으로도 통제사회의 균열이 시작된 것이다. 이것이 북한에서 꽃제비가 가지고 있는 정체성이다.

꽃제비의 거처는 다양하다. 다만 꽃제비들이 가장 많이 모이는 곳이 기차역이다. 여행객과 장사꾼들이 찾는 기차역은 음식을 얻을 수 있는 공간이자 영하의 추운 겨울날씨를 견디며 고단한 몸을 누일 수 있는 몇 안 되는 안식처이다. 그래서 기차역은 꽃제비들의 제2의 고향이다.

그렇게 북한의 기차역은 정상으로 대표되는 주민들의 일상생활의 공간인 동시에 꽃제비의 거처로 대표되는 비정상의 공간으로 정상과 비정상이 공존하는 경계이다. 지금도 북한의 기차역 구석구석에서 꽃제비들의 하루가 시작되고 마무리된다.

고아들의 궁전

북한에서 식량난으로 수백만 명이 죽었다고 한다. 수백만 명이 굶어죽었다고? 믿기지 않지만 불과 25년 전의 일이다. 혹자는 당시 식량난으로 20만 명이, 혹자는 300만 명이 아사했다고 추정하고 있다. 북한은 모든 인민의 복지를 책임지는 나라에서 최소한의 식량 배급도 보장하지 못하는 나라가 되었다. 수많은 사람이 죽었고, 가족이 해체됐으며, 이 과정에서 많은 고아들이 생겨났다. 고난의 행군을 거치며 고아들은 사회의 어두운 그늘로 자리하게 되었다.

어른들도 굶주려 죽어가던 그때, 고아들의 삶은 얼마나 처절했을까.

북한에는 '고아원'이란 공식 명칭이 없다. 그 이유는? 북한당국이 부모의 역할을 대신하기 때문이다. 그래서 고아원을 '학원'이라 부른다. 우리나라와 같이 고아원과 같은 숙소에서 생활을 하며 정규학교에 다니는 것이 아니라, 생활 시설과 교육시설이 통합된 형태의 '학원'인 것이다. 학원은 학년에 따라 '육아원', '애육원', '초등학원', '중등학원'으로 구분되며, 고아의 신분에 따라 '혁명(유자녀)학원', '계부모(한부모)학원', 일반학원으로 나뉜다.

고아들도 다 같은 고아가 아니다. 고아들도 '출신성분'에 따라 차별을 받는다. 특히 혁명학원은 항일혁명 유가족 자녀, 6.25전쟁 영웅의 자녀들이 다니는 북한 최상위 신분엘리트 교육기관이다. 이들은 김일성으로부터 김정은 시대까지, 북한 정권을 지탱하는 가장 충성도가 높은 엘리트 집단으로 성장하게 된다. 혁명학원은 입학 연령에 따라 소학교부터 중학교까지 모든 교육과정을 포함하는 12년제 교육체계를 갖추고 있다. 한 부모 자녀가 다니는 계부모학원도 이와 같은 12년제 교육체계를 따르고 있지만 혁명학원에 비할 바가 못 된다.

혁명학원과 계부모학원을 제외하면, 고아들은 평양시와 특별시, 그리고 각 도에 마련된 연령별 학원에 수용된다. 연령별로, 육아원(0-4세), 애육원(5-6세), 초등학원(7세-11세), 중등학원(12-17세)에 입학해 교육받으며 생활하게 된다. 초등학원을 기준으로 보통 200~300명 정도의 고아들이 수용되었는데 일반 학교와 달리 외출이 어렵고 군대식 규율 생활을 해야 한다.

1990년대 경제위기로 인해 북한 전역에서 고아들이 늘어났다. 부모가 아사하거나 식량을 구하러 떠난 후 행방불명된 자녀들이 고아가 되었다. 식량을 구하지 못하자 부모를 사망으로 위장하거나 부모가 직접 고아원 앞에 자녀를 버리는 일도 있었다. 고난의 행군 당시에는 고아들이 갑자기 늘어나 연령별 학원이 수용하지 못하게 되어 지역마다 폐건물을 고아시설로 개조해 사용했다. 주민들이 생활이 어려워지면서 자녀들을 탁아소, 유치원, 학교에 보내지 않아 운영이 중단된 일부 유치원, 탁아소, 여관 건물을 개조해 임시 고아원으로 활용했던 것이다.

극심한 식량난에 연령별 학원들의 상황은 악화되었고 급히 마련된 시설들은 식량 배급이 어려워져 운영에 어려움을 겪었다. 1990년대 중후반 고아원에서는 옥수수 국수로 만든 죽이나 풀과 약간의 밀가루, 그리고 옥수수 속대를 갈아 만든 이름 모를 묵지가루를 대체식량으로 아이들

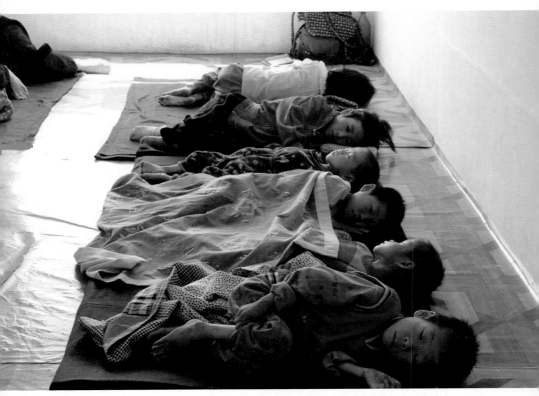

▲ 굶주림은 지방의 아이들에게 더욱 가혹했다. ⓒ〈연합〉

에게 먹였다.

계부모 학원에서 생활했던 탈북민에 따르면, 식량난 당시 영양실조에 걸리는 고아가 대부분이었고 면역력이 약해진 아이들이 외부와 차단된 폐쇄적인 생활환경으로 집단 전염병에 걸려 사망하는 경우도 많았다고 한다. 경제위기 당시 '옴', '장티브스', '파라티브스', '열병', '폐결핵' 등 각종 전염병이 고아들을 죽음으로 몰아갔던 것이다.

전염병을 해결하기 위해서는
시장에서 비싼 돈을 주고 약을 구입해야 했지만
돈이 없었던 고아들에게는 불가능한 일이었다.
고아원을 운영하는 관료들은 고아들에게 제공되어야 할
얼마 되지 않는 식량과 지원물자를 빼돌리기에 바빴다.
그렇게 고아들은 고아원에서 힘겹게 살아남아야 했다.
일부 고아들은 '고아원에서 굶어죽느니,
거리로 나가서 주어먹다가 죽겠다'며
고아원을 탈출하는 일이 빈번했다.

북한은 그동안 고아들을 위해 설립한 학원을 '고아들의 궁전'으로 선전해 왔다. 나라에서 갈곳없는 고아들을 데려다 보살피고 보호해주니 어찌 궁전이 아니겠느냐는 것이다. 하지만 그곳은 착취와 죽음의 궁전이 되고 말았다. 오늘도 북한은 2014년부터 2016년 사이 전국에 새롭게 건설한 고아원을 '고아들의 궁전'이라고 홍보하고 있다.

노인을 위한 나라는 없다?

식량난은 취약계층, 즉 고아들과 함께 노인들을 사각지대로 내몰았다. 우리에게 북한의 노인들이 어떤 삶을 살아가는지 잘 알려지지 않았다. 요람에서 무덤까지 국가가 사회복지를 책임진다는 북한, 그곳에서 노인들은 어떻게 살아가고 있을까? 이제 북한 노인들의 삶을 알아보자.

북한에서 노인의 기준은 60세 이상의 남성과 55세 이상의 여성이다. 정년이 되면 의료보장과 연로보장이 적용되어 기존 월급의 최대 70%를 연금으로 받게 된다. 그러나 1990년대 경제위기 이후 국가의 사회보장 제도는 붕괴하였고 연금은 지급되지 않았으며, 식량을 구입할 수 없었던 노인의 삶은 심각한 어려움에 처해질 수밖에 없었다.

북한에서 노인은 사회적으로 공경 받아야 하는 대상이다. 왜냐면 사회적으로 노인에 대한 공경은 곧 사회주의, 공산주의 사회의 아름다운 공중도덕으로 교육을 받았기 때문이다. 그래서 경제위기 이전까지만 하더라도 가족이 노부모를 부양하는 것은 너무나 당연한 일이었다. 대부분의 자녀들은 노부모를 모시고 살았으며 자식 없는 노부부를 마을 사람들이 함께 부양하는 사례도 사회적으로 미담처럼 전해졌다.

그러나 경제위기는 아름다운 '사회주의 공중도덕'이 무색하게 노인들을 사지로 몰아넣었다.

그나마 있던 식량들은
평양과 충성계층의 이탈을 막는데 공급되었고
사회적 취약계층인 노인들에게 공급되는 식량은
가장 먼저 삭감하거나 중단되었다.
노동력의 가치가 없었던 노인들이
배급에서 가장 먼저 제외대상이 되었던 것이다.

▲ 노인들 또한 시장으로 내몰렸다. ⓒ〈강춘혁−탈북작가〉

　노인들에 대한 식량 배급이 중단되면서 가정에서 노인들은 아들 내외
와 손자의 눈치를 불수밖에 없었다. 아들 내외는 부족한 식량 때문에 한
끼 식사량을 줄이거나, 노부부를 홀대하기 시작한 것이다. 노인들은 조
금이라도 가정살림에 보탬이 되고자 담배, 빵, 껌, 사탕, 과자, 원주필
(볼펜), 조미료와 같은 물건들을 가져다 골목에서 팔거나 폐품을 모아 팔
기 시작했다. 이마저도 '비사회주의적 현상'으로 단속되기 일쑤였기에
가정에서 노인들의 설 자리가 더욱 좁아져 갔다.

그렇게 사회주의 국가를 건설했던 노인들의 자부심과 지위는 경제위기라는 어두움 속에 사라지고 자의적이든, 타의적이든 집을 나서야만 하는 참담한 현실과 마주해야만 했다.

결국 일부 도시의 노인들은 자신의 몸을 의탁할 수 있는 시골의 친척집을 찾아가거나 이마저도 여의치 않으면 스스로 집을 떠나 거리를 떠돌았다. 그렇게 노인들은 집을 떠나 거리를 방황하는 노숙자로 전락했으며, 산속에 들어가 방공호에서 생활하거나 토막집을 짓고 살아가야만 했다. 이들은 산에서 땔감이나 산나물을 채취해 시장에 팔거나 야산의 텃밭을 가꾸며 목숨을 부지했다.

북한은 김정은 체제에 들어서면서 네 차례나 '전국노병대회'를 열고 노병들을 '혁명 선배'로 예우하는 모습을 보였으며 2014년부터는 10월 1일을 국제 노인의 날로 지정해 기념하고 있다. 2017년에는 전국에 전쟁 노병들을 위한 보양소를 준공해 노인에 대한 복지정책을 대대적으로 홍보한 바 있다. 다만 이마저도 전쟁 노병을 위한 행사와 일부 시설을 건설하는데 머물러 있다. 북한이 자랑하던 노인을 위한 나라는 아직까지 멀기만 하다.

속사정

　일찍이 김일성 주석은 '인민이 이밥에 고깃국을 먹고 비단옷에 기와집을 쓰고 사는 것'이 소원이라고 강조했다. 그 소원은 모든 북한 주민들의 소원으로 자리 잡은지 오래다. 그렇게 삼대를 이어온 약속, 인민들 누구나 걱정 없이 잘 살고 문명한 생활을 향유하는, 그런 평등한 사회는 아직까지 오지 않았다.

▲ 김정은 시대의 '사회주의 문명강국'은 어디에 있을까? ⓒ〈강춘혁-탈북작가〉

북한의 경제 사정은 나아지지 않았고 오히려 시장화에 의한 불평등이 심화되었으며, 주민의 삶은 더욱 고단해져 갔다. 무산계급의 대표인 노동자, 농민은 경제위기 속에 생존을 위협받았고 '인민의 지팡이'를 자처하던 권력자들은 그사이 유산계급으로 변신하였다. 자본주의를 비판하며 사회주의 강성대국을 꿈꾸던 북한은 이제 북한식 자본주의를 만들어가고 있다. 국가가 약속한 사회보장제도는 자본이 중심인 시장을 통해서만 가능한 현실이 되었다.

김정은 위원장은 그가 건설할 국가로 '사회주의 문명강국'을 제시했다. 김정은 위원장이 말하는 사회주의 문명강국은 사회주의 최고 수준의 문명을 향유하는 것으로 돌볼 사람이 없는, 고아와 노인들을 국가가 책임지고 보살펴주는 것에서 출발한다. 사회적으로 가장 취약한 고아와 노인들이 아무런 근심과 걱정이 없이 국가로부터 보호를 받는 사회인 것이다.

그러나 북한이 혁명 선배로 선전하는 전쟁 노병들이 소외된 노인들의 삶을 감출 수 없고, '고아들의 왕궁'으로 선전하는 말끔한 모습의 학원들도 고아들에 대한 노동 착취로 얼룩진 북한 사회의 그늘을 가리지는 못했다. 김정은 시대의 '문명강국'은 사각지대에 몰린 아이들과 노인들, 꽃제비들을 보호의 대상이 아니라 통제와 개조의 대상으로 바라보고 있기 때문이다.

오늘도 북한의 기차역에서, 시장에서
먹을 것을 찾아 헤매는 꽃제비들이 하루를 시작하고 있다.
그들은 스스로 꽃제비의 삶을 선택하지 않았지만,
꽃제비의 삶으로부터 얻은 자유 또한 잃고 싶어 하지 않는다.
그들이 그 자유를 지키면서 한 끼의 식사를 걱정하지 않을 때,
비로소 문명강국이 건설될 수 있는 것은 아닐까?

저자소개

정일영

서강대학교 사회과학연구소 연구교수
성균관대학교 정치학 박사
천주교 서울대교구 민족화해위원회 산하 평화나눔연구소 연구위원
IBK기업은행 북한경제연구센터 연구위원(전)
■**주요 저작** : 『속삭이다, 평화』(2020), 『북한 사회통제체제의 기원』
(2018) 등

김영희

한국산업은행 KDB미래전략연구소 선임연구위원
동국대학교 북한학 박사
통일부 정책책자문위원
민주평화통일자문회의 상임위원
■**주요 저작** : 『당신의 꽃은 어데서 피었습니까』(2016), "김정은의 경제개발,
오래된 미래"(2018) 등

김혁

한국농어촌공사 농어촌연구원 연구원
한국학중앙연구원 정치학 박사
경남연구원 남북교류협력연구센터 팀장(전)
■**주요 저작** : 『소년 자유를 훔치다』(2013), "북한 꽃제비의 형성과정과
국가 통제로부터의 이탈"(2019) 등

윤세라

피스모모 평화/교육 연구소 연구위원
동국대학교 북한학과 박사수료
한국연구재단 글로벌 박사 펠로우십(2018~2021)
■**주요 저작** : 『한반도 스케치北』(2021), "북한이탈주민의 장애정체성 연
구"(2018) 등

이혜란

국립통일교육원 학교통일교육 강사
성균관대학교 일반대학원 교육학과 박사수료
성균관대학교 교육정책연구원 연구원(전)
■**주요 저작** : 『통일을 꿈꾸는 사람들』(2019), "국내 통일교육 관련 연구
동향" (2020) 등

하승희

동국대학교 북한학연구소 연구교수
북한대학원대학교 북한학 박사
일본 게이오대학교 법학과 정치학부 방문연구원(전)
■**주요 저작** : "평창 동계올림픽 계기 남북 음악공연교류 분석"(2021),
"북한의 유튜브 대외 선전매체 활용 양상"(2020) 등

알렉 시글리(Alek Sigley)

호주 멜버른 출생
미국 스텐퍼드대학교 현대사상과 문학 박사과정(입학)
북한 김일성종합대학 문학대학 박사원 현대조선문학 석사과정(전)
한국 서강대학교 교환학생(전)
■**주요 저작** : "Love of the lover, love of the Leader: youth romance
in North Korean fiction," 『Routledge Handbook of
Contemporary North Korea』, "Sojourn in Paradise:
The Experiences of Foreign Students in North Korea"
(2021) 등